武汉大学数智教育丛书

武汉大学
专业画像绘制与运用指南

姜昕 主编

WUHAN UNIVERSITY PRESS
武汉大学出版社

图书在版编目(CIP)数据

武汉大学专业画像绘制与运用指南 / 姜昕主编 . --武汉 ：武汉大学出版社，2025.7. --武汉大学数智教育丛书 . --ISBN 978-7-307-25052-9

Ⅰ. G642-62

中国国家版本馆 CIP 数据核字第 2025D2E904 号

责任编辑:胡　荣　　　责任校对:鄢春梅　　　版式设计:韩闻锦

出版发行：**武汉大学出版社**　（430072　武昌　珞珈山）

（电子邮箱：cbs22@ whu.edu.cn　网址：www.wdp. com.cn）

印刷:湖北金港彩印有限公司

开本:720×1000　1/16　印张:11.25　字数:139 千字　插页:2

版次:2025 年 7 月第 1 版　2025 年 7 月第 1 次印刷

ISBN 978-7-307-25052-9　定价:68. 00 元

编　委　会

主　编：姜　昕

副主编：吴　丹　王　郢　唐　飞　邱　超　梁少博

编　委（以姓氏拼音为序）：

包盈盈　陈　东　陈苏一　龚晚林　黄　河

黄　舒　姜　昕　李　敏　梁少博　林凌婕

孟小亮　南亚平　邱　超　舒　克　苏筱淳

唐　飞　王统尚　王　郢　魏　涛　吴　丹

严培辉　杨尚尚　朱智敏

前　　言

在数字化浪潮的席卷下，教育领域正经历着深刻变革，数据已成为重塑高校教育管理与教学实践的核心驱动力。高校在线学习平台的蓬勃发展，积累了海量教育数据，为高校教育管理与教学实践带来了全新的机遇与挑战。在此背景下，数据赋能专业画像的建构成为高校精准把握专业发展态势、优化教育资源配置、提升教育教学质量的关键路径。

专业画像的数据基石与多元画像的构建。专业画像的建构，依托于深度挖掘和整合高校在线学习平台及其他相关教育管理系统中的多源数据。这些数据一是涵盖学生的学习行为数据，如学习时间、学习进度、课程参与度、作业完成情况等，能够细致反映学生的学习习惯、兴趣偏好以及知识掌握程度；二是涵盖教师的教学数据，包括教学方法运用、教学资源准备、教学评价反馈等，体现了教师的教学风格与教学效果；三是涵盖课程数据，如课程设置、课程难度、课程资源使用频率等，有助于了解课程体系的合理性与有效性；四是涵盖管理数据，如教学资源分配、学生管理记录等，为优化管理流程提供依据。系统梳理与分析这些丰富多样的数据，为我们打破传统教育管理中信息分散、片面的局限，构建全面、立体、动态的专业画像提供了依据与路径。

武汉大学通过数据赋能专业画像的实践，为高校教育管理提供了有益的借鉴。在教学环节，借助数据技术构建的教学环节画像，能够实时追踪教师教学过程中的各个关键环节。通过分析教师的教学规划设计能力，可了解其是否能根据课程标准和学生特点制定合理的教学目标、精心组织教学内容并科学安排教学计划；教学实施能力的相关数据能够反映教师在课堂上的教学方法运用是否得当、课堂管理是否有序、专业知识储备是否充足等；教学评价能力的相关数据则有助于判断教师是否能够运用多元化的评价方式，全面、客观地评估学生的学习成果，并依据评价结果及时调整教学策略。这些数据驱动的实践不仅提升了教学质量，还为高校教育管理提供了精准的决策支持。

学习全景画像通过持续监测学生在专业学习过程中的各类数据，深入剖析学生的学习状态。学习挑战指数结合课程难度信息、学生考核情况以及科研成果等数据，能够清晰呈现学生在专业知识学习过程中面临的深度挑战，帮助教师提前预判学生的学习困难点，从而调整教学内容与方法；学习投入指数依据学生对课程的反馈、课堂参与度以及科研投入等数据，准确反映学生在学习过程中的精力投入与积极性，为个性化学习指导提供依据；交叉学科指数借助教师学科背景分析、交叉课程设置及学生科研成果的跨学科引用等数据，展示专业的学科交叉融合程度，引导学生拓展知识视野；数字素养指数是指通过考察学生在数字信息获取、制作、使用等方面的能力，评估学生适应数字化学习环境的能力，推动数字素养教育的发展。

管理决策画像则聚焦于专业管理部门的工作成效。教学资源管理指数通过分析资源规划统筹、采集汇聚、优化配置等方面的数据，确保教学资源的合理分配与高效利用，避免资源闲置或浪费；学生就业情况指数整合就业率、就业质量、职业发展潜力等数据，为专业调整人才培养方案提供市场导向方面的参考；教师教学情况评价指数从教学质量、课堂有效性、方法创新性等维度进行数据评估，激励教师提升教学水平；专业建设发展指数涵盖师资队伍变化、科研成果积累、人才培养跟踪等数据，为专业的长远发展规划提供科学依据。

评价发展画像从专业发展指数、师资力量指数、就业潜力指数和社会影响力指数等多个层面，综合呈现专业的整体实力与发展趋势。通过分析专业的教资队伍学历结构、骨干教师引领作用、科研成果数量与质量等数据，明确专业在学术领域的地位与发展潜力；依据用人单位对学生的专业知识、技能及综合素质评价，以及毕业生就业去向和薪资水平等数据，精准评估专业的社会认可度与就业竞争力，为专业的持续改进与优化提供全面参考。

专业画像的战略意义及其时代价值。专业画像的建构在高校教育管理中具有不可替代的重要作用。从战略意义来看，专业画像使高校能够以数据为纽带，整合教育教学各环节，形成协同发展的教育生态。通过专业画像，高校能够精准定位专业发展方向，优化专业布局，提升学校整体竞争力。同时，这也是高校落实以学生为中心教育理念的重要体现，有助于满足学生个性化发展需求，培养适应社会发展的创新型人才。从时代价值角度而言，在知识快速更新、社会需求不断变化的时代背景下，数字画像为高校教育提供了应对不确定性的有效手段。它打破了传统经验式管理的模糊性与不确定性，以客观、精准的数据为支撑，实现教育决策的科学化、教学过程的精细化以及专业发展的可持续化。这种基于数据的教育模式，不仅提升了教育教学质量，更为推动教育公平、促进教育均衡发展提供了新的可能。在后续的研究与实践中，深入探索其构建机制与应用策略，对于推动高校教育质量的全面提升具有至关重要的意义。

本书紧紧围绕高校在线学习平台的数据集成问题，深入探讨如何通过数据中心的构建来实现专业画像的精准绘制，为读者揭示在线学习平台数据集成在高校教育信息化进程中的关键作用，以期为提升教育教学质量提供全新的视角和方法。

目 录
Contents

1. 理 论 篇

1.1 数据意识在高校管理中的重要意义和作用

信息技术的快速发展与大数据时代的到来，使数据成为现代社会中不可或缺的重要资源。高校是知识传播和创新的重要基地，其管理水平和质量直接关系到教育质量和社会影响力。基于此，创造性地将数据意识融入高校管理，综合利用数据驱动决策，不断提升管理效能，已经成为高校发展的新趋势和新动能。

数据意识主要是指个体或者组织在日常生活中对数据及其价值的敏感度与重视程度，要求人们能够了解和认识数据的价值，明确数据在决策、优化和预测过程中的重要作用，同时具备基本的数据处理和分析能力。在高校管理过程中具备数据意识，代表着管理者重视数据，能够基于数据作出决策，充分利用数据监测和评估管理效果，并通过数据挖掘发现潜在问题和现实机遇，这对于加强高校管理具有重要意义。

1.1.1 数据意识是高等教育数字化发展的基础

在高等教育管理实践过程中，教学资源、学习过程、考试成绩、教学管理、教学评价等各类数据，通常会被分散存放在各个平台和系统中，导致其不能充分发挥潜在价值和现实效能。在教学中，教师应注重引导学生领会数据在分析和解决问题中的作用，增强学生主动运用数据说话的意识，使学生掌握收集数据的方法，从而更有效地培养学生的数据分析观念。① 增强数据使用意识，意味着要将这些数据视为洞察、评估和决策的价值资

① 姜旭媛．培养学生数据意识的教学实践与思考［J］．河南教育（教师教育），2025（1）：70.

源，而不仅仅是静态化记录。

数据意识在高校管理过程中的应用和发展，可以进一步促进教育创新和个性化发展。数据作为数字化时代的“基本粒子”，驱动着科技与社会的发展，是人工智能教育的基本抓手。① 教师通过系统分析学生的学习数据，能够深入了解学生的基本需求和学习要求，从而有针对性地调整教学方法和内容，进一步提升教学质量和效果。高校也可以根据学生的个人兴趣和特长，为学生提供个性化教育服务，充分扩大各种数据的教育应用空间，使学生实现全面健康发展，为高等教育数字化发展提供坚实支撑，凝聚现实力量。

1.1.2 强化数据意识有利于提升高校管理效率

传统的高校管理方式过度依赖于经验和直觉，这容易使决策受个人偏见等主观因素的影响。然而，强化数据意识可以让管理者通过挖掘和分析历史数据，了解高校发展的规律和趋势，开展综合分析和科学判断，从而提升决策的科学性和准确性，为未来的战略规划提供方向指引。高校管理包括对教学、科研、学生等方面的管理，其事务较为繁重和复杂。

数据意识的现代化应用，能够帮助管理者实现更加精细化的管理，即通过数据监测和评估各项工作的进展和效果，及时发现问题并进行调整，这不仅可以提高管理效率，还能确保各项工作的质量和效果。世界主要国家均开展了相关计划强化政府的数据意识及其应用，例如，美国政府发布了《联邦大数据研发战略计划》；日本宣布建设“超智能社会 5.0”；韩国

① 王佳．信息意识视阈下小学生数据概念形成探究——以“身边的数据”教学单元为例［J］．中国信息技术教育，2025（1）：49-52.

提出大数据中心战略；中国政府也提出了国家大数据战略，2015 年，国务院专门印发《促进大数据发展行动纲要》，以推进大数据技术发展。这些国家战略的实施表明，数据驱动的管理已成为提升效率和竞争力的关键路径，高校可借鉴这一思路，通过数据赋能优化管理流程。通过科学合理地使用数据，高校能够更加精准地掌握教育管理的现状和需求，优化资源配置不断提高管理效率。例如，智慧校园平台利用物联网、大数据、云计算等先进科学技术，创造性地将校园内的各种信息资源和服务进行系统集成和整合，逐渐构成一个综合统一的创新型信息平台，能够在较大程度上提升高校的管理效率和服务质量。

1.1.3 强化数据意识有利于实现更加精准的教育决策

在大数据时代，高校可以通过收集、整理、分析各类数据等方式，全面深入地了解学生的需求、兴趣和行为模式，以制定出更具科学性和针对性的管理方案及教育政策。这不仅有利于增强学生的满意度和幸福感，还能进一步提升教育质量和教学效果。大数据作为现代信息技术的产物，凭借 Volume（大量）、Velocity（高速）、Variety（多样）、Value（价值）的“4V”特征，给人类社会政治、经济、科技、文化带来了巨大变化。① 面对竞争日益激烈的教育环境，高校数据管理能力显然已经成为高校竞争力的重要内容。具备强烈数据意识的高校管理者和教育者，能够更精准地定位发展方向和把握自身优势特色，制定出更加科学合理的教育决策和战略规划。这既有利于提升高校的办学水平和教育质量，也能够扩大高校的社会影响力和知名度。

---

① 高祥，栾春苹．大数据时代网络意识形态风险及防范［J］．党政干部学刊，2024（9）：13-19.

此外，在现代社会发展中，随着大数据技术的进步和应用领域的深入拓展，数据意识在高校现代化管理中的作用更加显著，成为推动高等教育事业发展的重要动力。教学质量是高校的核心竞争力之一。厘清数据意识在教学管理中的现实作用，能够帮助教育者了解受教育者的学习情况和反馈意见，及时调整教学策略和方法。同时，学校也可以通过对受教育者的成绩、课程评价等数据的分析，及时评估教学质量和效果，为教学方法和内容的创新提供现实依据。

1.1.3.1　提升高等教育管理的数字化水平

高等教育管理数字化在促进高等教育数字化转型中发挥着重要作用。大数据、人工智能、云计算等数字技术的科学应用，是优化教育过程和健全教育评价体系的现实助力。面对生成式人工智能的快速发展，逃避或回避并非良策。例如，澳大利亚自2024年第一学期起开放学校使用生成式人工智能，并教授学生正确的使用方法，这种积极应对的策略为高等教育管理提供了有益借鉴。① 然而在高等教育管理数字化的实践过程中，也会出现数据使用意识薄弱、数据分析能力不足等现实弊端，阻碍着高等教育数字化转型的深入推进。

我们必须增强数据使用效能，充分认识增强数据意识的现实价值，进一步加强宣传教育，强调数据意识在提升教育质量中的关键作用，增强人们对于数据教育应用的自觉性和主动性。一方面，要加快构建数据赋能的现代化教育思维，通过合理制定和广泛推行数据使用政策，鼓励教育者在教学和管理中主动利用数据，形成“让数据说话”的工作理念，增强受教育者的数据应用思维和能力。另一方面，要加快促进教育数据的效能转化，

① 孙立会，周亮．生成式人工智能赋能高校个性化育人管理的逻辑［J］．北京教育（高教），2025（3）：38-41.

通过打造专业化数据分析团队，加强搜集、整理和分析数据，为教育决策提供理论依据和现实依据，形成闭环改进机制，推动教育数据现实效能的有机转化。

1.1.3.2 优化高校数字化教学管理内容

在数字化管理的基础上，优化教学管理内容是提升教育质量的关键。高校教育资源的有限性决定了管理者在进行数字化教育管理时，如何合理配置教育资源是一个重要问题。数据意识的增强能够帮助管理者充分了解各项资源的利用情况，从而可以根据实际需求进行优化配置教学管理内容。高校创新创业教育应立足“OBE”理念，以及“成果导向、学生中心、持续改进”的核心思想，着重培养学生的自主学习能力。① 例如，通过对教学设施使用数据的综合分析，可以合理安排教学场地、设备使用时间等，以提升资源的利用率。

在大数据时代背景下，大数据技术与以人为本教学理念的深度融合和创新契合，为高校数字化教学管理提供了新思路。大数据技术的创新发展，能够收集和分析受教育者的学习行为、学习兴趣、学习需求等，帮助高校制定创新性与个性化的教学计划和方法，不断满足受教育者的多元化需求，以加快推进高校教育数字化管理的现代化进程。一方面，可以通过树立大数据思维，重构现代化教育管理目标，让其更加符合以人为本的价值理念、受教育者个性化成长需求；另一方面，可以依托信息化技术，加快构建集数据采集、存储、处理、分析于一体的教育大数据平台，为教学管理的现代化发展提供强大的技术支持和平台支撑。

---

① 殷晶晶，刘英杰．数字化时代提升高校创新创业教育水平的机制与路径研究[J]．高科技与产业化，2025（1）：106-108.

1.1.3.3 加强高校学生数字化管理工作

学生数字化管理工作是高校管理的重要组成部分。数据意识的提升能够帮助管理者了解学生的思想动态、学习状况以及生活需求，以提供更加精准有效的管理。例如，通过对学生行为数据的综合分析，能够尽早地发现安全隐患和问题学生，并及时进行干预和正确引导。数据意识在高校学生数字化管理工作中的应用，可以帮助管理人员了解高校学生数字化管理工作领域的热点，为加强数字化管理工作提供方向引导。

同时，通过对高校学生数字化管理工作数据的分析和挖掘，还可以发现新的研究点和创新点，推动数字化管理工作朝着科学化方向深入发展。因此，高校学生工作管理人员必须提升对数据信息的敏感性，以及收集、整理和分析数据的能力。例如，通过全面分析学生在图书馆的检索记录、校园卡消费记录等，为学生提供更具针对性的管理方案。此外，学生工作管理人员还应提升自身的信息技能水平，包括如何收集信息数据、提取有效信息、利用信息等，加强对学生的有效管理和精准服务。

1.2 学习平台——高校教务管理数据的重要来源

学习平台，亦称在线教育平台或网络教学平台，是借助信息技术为学习者打造的综合性教育环境，提供丰富学习资源、有效学习工具和优质学习服务，具有加强课程管理、强化教学资源管理、完成在线学习、增进学习社区交流等多功能模块。在高等教育的现代化发展中，学习平台已成为推动创新发展的关键因素，打破了传统教育的时空限制，使学习更灵活便捷、更有效率，同时成为高校教务管理数据的核心来源。具体来看，依托数据资源增进学习平台的主要功能包括以下几个方面：

1.2.1　加强课程管理

在现代教育中，学习平台是提升学习效果、实现教育资源最大化的关键媒介。2017 年，中共中央办公厅、国务院办公厅发布的《关于深化教育体制机制改革的意见》提出建立充满活力、富有效率、更加开放、有利于科学发展的教育体制机制。① 高效的课程管理是学习平台建设的核心目标，通过明确需求、加强个性化管理、促进互动与反馈等方式，提升课程管理效率，为学习者提供优质学习体验，激发其学习积极性、主动性与学习兴趣。教师可在学习平台上创建课程、发布课程大纲与教学计划等，通过在线讨论、直播课堂等方式，让学生可以更加便利地查看并参与课程建设。

此外，教师通过创建学习社区、定期收集学生的反馈意见，全面了解学生的学习体验与需求，借此优化教学内容和教学方法，促进师生交流分享。随着技术的不断发展，课程管理将更注重体系化制度化管理，更为智能高效，为教育现代化注入新动能。

1.2.2　强化教学资源管理

学习平台提供丰富多元的教学资源，如课件、视频、文档等，推动教学资源快速分享交流。教师可上传并管理资源，学生可下载或在线观看资源，节省了师生的时间和精力。作为教育信息化发展的重要工具，学习平台的建设对于提升学校的教育信息化水平意义重大。利用多种教学方式与

① 中共中央办公厅　国务院办公厅印发《关于深化教育体制机制改革的意见》[EB/OL].[2017-09-24]. https://www.gov.cn/zhengce/2017-09/24/content_5227267.htm.

工具，打造教学创新平台，推出优质教学资源服务，推动教学方式创新，有助于提升学校品牌形象与核心竞争力。

打造多元化、高效化的学习平台，可为不同专业学生提供定制化教学服务。借助数据分析精准识别学生的知识水平和学习习惯，提供个性化学习方案，促进学科交流融合，提升学校学术水平与综合实力。

1.2.3 完成在线学习

在线学习作为一种现代教育形式，摆脱了时空限制，借助云计算、大数据、人工智能等技术，为在线教育背景下学习支持服务体系的构建提供了强大的技术保障。① 学生通过互联网及时了解时事新闻与最新知识，充分了解教育现代化发展的最新动态，扩大知识面和学习视野。

在线学习平台具有灵活性、互动性、可定制性等特征，学生可自主安排学习时间和地点，通过观看视频、阅读文档、参与讨论等方式获取知识。此外，平台支持在线测试，即由教师发布测试题目，学生在线完成提交，系统自动评分反馈。学生还可通过平台与教师交流、向同学学习，增强学习互动性与社交性，提升学习效果。

1.2.4 增进学习社区交流

随着教育信息化与数字化的快速发展，高校教育正经历着前所未有的变革。在这场激烈的教育管理数字化变革中，各类在线学习平台是新兴的教育技术工具，为老师和学生提供了便捷、和谐、高效的学习环境，逐渐

① 李园伟，陈毛毛，高运星．在线教育背景下学习支持服务体系构建研究［J］．继续教育研究，2025（3）：103-107.

成为高校教务管理数据的重要来源。在线学习平台既汇聚了课程、教材、教师教研成果等一系列优质资源，同时也记录了学生的学习行为、学习成绩、选课情况等重要数据。例如，国家高等教育智慧教育平台提供了丰富和优质的在线教育资源，汇聚了线上教与学的大数据，具体包括课程信息、教材资源、教师教研成果以及学生的学习进度、学习成绩、选课记录等信息。这些数据对于加强高校教务管理具有重要作用，有助于系统分析学生的学习情况、评估教学质量、完善教学内容、创新教学方法、优化课程安排等。

学习平台通过建立学习社区，为学习者构建了一个相互学习交流和资源分享的平台，学生可以在社区中与其他学习者交流心得、提问答疑，形成良好的学习氛围。学习社区可以由教师、学生、辅导员以及其他相关教育从业者共同构成，他们可以在学习社区中发布问题、解答疑惑、分享学习心得体会和经验。学习社区的建立，在一定程度上能够打破传统学习中的孤独感，推动教师和学生、学生和学生之间的交流与合作，为学生提供了一个交流学习经验和展现学习成果的平台，促进学生积极主动地参与学习交流活动。目前流行的在线学习资源推荐平台中，个性化推荐算法已经成为主流，算法在方便学习者的同时，也给学习者带来了信息视野狭窄以及观点、立场固化等问题。① 此外，学习平台还可以使学生们在学习的过程中加强协调合作，共同进行项目研究、完成学业任务，深入思考和探索全新的学习方法，及时有效地获取他人的建议与意见，从而有针对性地调整自身的学习方式方法，提升自身的学习效率和能力，更好地将自身所学的理论知识运用于实践中，用先进的理论知识指导实践、推动实践，实现自身的全面健康发展。

另外，高校教务管理系统也是教务管理数据的重要来源。其具体涉及

① 曹挚．在线学习资源推荐中信息茧房问题研究［J］．信息记录材料，2025（2）：45-47.

教务公共信息维护、学生管理、师资管理、考试管理、选课管理、成绩管理等多方面内容。高校借助教务管理系统可以全面掌握教务管理的各方面数据，从而为完善教学决策、加强教学管理提供可靠的数据支撑。因此，学习平台尤其是在线学习资源与高校教务管理系统，是高校教务管理数据的重要来源，这为强化高校教务管理工作提供了更加全面准确的数据支持，推动了高校教育信息化进程。

高校教务管理数据主要是指高校在教育教学管理过程中形成的各方面数据，涵盖学生信息、课程信息、教学资源信息、教师信息等内容。数据挖掘一般需要依托 Hadoop 大数据平台 HDFS、MapReduce 组件，分别完成海量数据分布式存储、任务分解与调度并行，最终支撑海量数据离线分析与密集数据并行计算。① 这些数据是加强高校教务管理工作的重要基础，有助于提高教育教学质量、优化教育资源配置、提升教育决策水平。在提升管理效率方面，通过全方位系统综合的数据分析，教务管理部门能够及时厘清教育教学过程中产生的各类问题，明晰问题产生的根源所在，快速作出相应决策，从而进一步提升管理效能。

在优化资源配置方面，教务管理数据能够集中反映教育资源的利用情况，根据具体情形协助学校合理调配教育资源，在一定程度上能够避免教育资源的浪费，促进教育资源利用的最大化。在提高教学质量方面，通过加强对学生学习数据的综合分析，教师能够有效了解学生的学习情况，并据此及时调整教学策略和方式方法，推动教学方法的创新优化，不断提高教学的针对性和实效性。在优化教育决策方面，教务管理数据能够为优化教育决策提供科学依据，促使学校朝着更加合理科学的教育发展规划方向持续发展，提升教育决策的支持力度。

---

① 宋沛栩．大数据视角下高校教务管理系统信息化建设研究［J］．数字通信世界，2024（7）：40-42，123.

学习平台具有显著优势和广阔应用前景。随着大数据、人工智能等技术的持续发展，学习平台的数据挖掘和分析能力将会显著增强，从而为高校教务管理提供更加智能的数据支持。此外，高校也应积极关注数据安全和隐私保护等问题，确保学习平台数据合法合规地使用。学习平台不仅是加强高校教育教学工作的重要工具，也是教务管理数据的重要来源。新技术的方便快捷也使得在进行教务管理时，往往会更多依赖以大数据、人工智能为代表的管理工具，以追求更高效的管理效果。① 通过全方位挖掘和系统分析学习平台数据，可以更好地了解学生的学习情况、评估教学效果、优化教育资源配置，为高校教育的持续高水平发展和创新提供现实支撑。因此，科学利用学习平台数据优化教务管理，可以从以下几个方面入手：

（1）优化学生管理。高校可以通过分析学生的学习数据，如学习时间、学习进度、测试成绩等方面的数据，及时发现和掌握学生的学习问题，为在学习上有困难的学生提供个性化、有针对性的辅导和支持。同时依据学生的学习情况和兴趣，为学生推荐适合自身的课程和学习资源，提升学生的学习积极性和满意度。此外，还可以通过预测学生的学习趋势和成绩变化，为教务管理部门提供可靠的预警和决策依据。（2）优化课程管理。高校可以通过系统分析课程的学习数据，如选课人数、课程完成率、学生满意度等方面的数据，为评估课程的教学效果和质量、促进课程改进提供合理性依据。同时根据学生的学习反馈和成绩数据，教师能够及时调整教学内容和方法，增强课程的教学效果。另外，通过学习平台上的课程评价功能和反馈功能，广泛收集学生对课程的意见和建议，为优化课程内容和方式方法提供参考。（3）优化教学资源管理。高校可以通过分析教学资源的使用数据，如资源下载量、观看次数等方面的数据，更加细致地了解教学

① 郑璐．高校教务管理的变革诉求、现实困境与改进路径［J］．科教导刊，2024（12）：1-5.

资源的受欢迎程度和使用效果，为教学资源的优化和更新提供科学依据。同时根据学生的学习需求和学习兴趣，合理推荐和提供个性化的教学资源，提升教学资源的利用率和满意度，并创造性地对学习平台上的教学资源进行合理整理和系统分类，逐渐形成系统化的教学资源库，让教师和学生能够更加便利地查找和使用相关教学资源。(4) 优化教育教学策略。高校可以通过对学习平台数据的挖掘和分析，逐渐形成各种教育教学报告和图表，为教育教学策略的优化提供依据。学习平台数据能够清晰地反映教育教学的整体情况和发展趋势，让学校制定出更加合理、科学的教育发展规划和策略。通过加强对学习平台数据的持续监测和系统分析，能够评估教育教学改革的效果，为教育发展改革提供有力数据支持。

学习平台作为高校教务管理数据的重要来源，具有多元化类型。学习平台记录了学生在平台上的学习行为，涵盖学习时间、学习进度等方面的数据，这些数据是实时更新的，能够全面反映学生的具体学习情况；而且，学习平台上的数据通过计算机自动记录，数据准确度比较高，便于进行数据处理和分析，能够快速生成各种报表和图表，为教务管理提供数据支持。

此外，数据还具有可扩展性，学习平台可以根据需要不断扩展数据收集的范围，满足教务管理的需求。

1.3 当前我国主流学习平台的具体介绍和优劣分析

1.3.1 超星学习通

超星学习通作为一款集学习、管理、交流于一体的综合性在线教育平台，包括从基础教育到专业培训等各方面领域的丰富课程资源，可以满足不同年龄层次和兴趣爱好者的学习需求。随着数字技术的快速发展，生成式人工智能 ChatGPT、哔哩哔哩、大学慕课等工具或平台提供了海量知识资源，大学生获取知识的媒介日趋多元化，同时也造成知识体系的碎片化问题。① 这一学习平台支持离线缓存，用户能够在有网络的地方随时下载课程视频、讲义等多种资料，进而实现在无网络环境下持续学习。此外，它还具有社交互动、合作交流等多方面功能，用户可以通过加入学习小组或学习论坛，同全球学习者进行交流学习心得、分享学习资源，并共同解决面临的问题。

访问地址：http：//app. chaoxing. com。

具体来看，该在线教育平台具有诸多方面的优势：（1）课程资源丰富。该平台通过提供大量不同领域的多样化课程，在一定程度上可以满足不同学习者的学习需求，这无论对于学生还是职场人士来说，都可以找到适合自己的课程。（2）学习灵活性高。这一在线教育平台具有的离线缓存功能，能够让学习者不受网络的限制，依据自身的时间安排，随时随地进行自主性学习和交流活动。（3）强化社交学习交流。该平台通过搭建学习小组与学习论坛等社交互动方式，能够推动学习者对知识的交流和深入理解，从而构建良好的学习氛围，不断提升学习者的学习效能。

同时，该在线教育平台也存在一些弊端：（1）在数据隐私与安全上，依据知乎上的众多讨论，有些用户对于超星学习通的数据获取与精细化科学化管理存在担忧。虽然平台能够抓取到各类数据，但这种高度的数据收集可能会让有些用户产生不安，特别是对那些高度重视个人隐私的人来说更是如此。（2）在用户体验和界面设计上，有些用户认为它不如其他学习

① 李荣辉，樊沁娜．基于超星学习通平台构建智慧课堂的研究与实践［J］．中国信息技术教育，2024（21）：109-112.

平台直观和友好。尤其是网页版的功能简化，可能难以满足所有用户的需求。(3) 在功能限制上，同其他学习平台相比较，超星学习通在一些特定功能上存在局限性。例如，网页版的学习通功能比较简化，难以完全替代PC 版或移动端的功能。(4) 在灵活性和自定义选项上，一些用户认为超星学习通在个性化学习路径和自定义学习计划等方面存在灵活性不足的问题。尽管平台尽可能提供了专业化的学习方式，但可能不如一些专注于个性化学习的平台灵活。(5) 在市场认知度和用户基础上，尽管超星学习通在教育行业内具备一定的知名度和影响力，但是同一些全球知名的学习平台相比较而言，其市场认知度和用户基础相对来说还是比较薄弱。

1.3.2 Moodle

Moodle (Modular Object-Oriented Dynamic Learning Environment) 是一款基于建构主义教育理论开发的开源学习平台，具有广泛的兼容性和易用性。它的安装过程简单便捷，仅需一个支持 PHP 的环境和一个数据库即可完成部署。Moodle 内置全面的数据库抽象层，支持多种主流数据库（如 MySQL、PostgreSQL 等），能够适应不同规模的教育需求。它在各国已得到广泛应用。Moodle 学习平台能够根据建构主义的教学思想，也就是说教育者与学习者都是平等的主体，在教学活动实践过程中，教育者和学习者能够共同协作，创造性地根据自身已有的经验共同建构知识。此外，Moodle 学习平台的界面较为精巧，用户能够根据自身的特定需要，随时调整其界面、增减内容。其课程列表比较清晰地显示了服务器上每门课程的具体描述，涵盖是否允许访客使用，访问者能够自主地对课程进行分类和搜索，根据自身的现实需要进行课程学习。

访问地址：https://moodle-2425.wooster.edu。

在资源管理方面，Moodle 学习平台支持多种媒体文件的上传与共享，极大地丰富了教学资源的可用性。其编辑器采用所见即所得的设计，操作简单直观，用户无须专业培训即可快速上手。此外，Moodle 学习平台在安全性方面表现出色，所有表单数据均经过严格校验，Cookie 进行了多层加密，确保了平台的安全性和可靠性。

Moodle 学习平台具有诸多方面的优势：（1）能够免费开源。对于教育机构特别是预算有限的中小型学校来说，免费开源是一个很大的优势，能够降低一定的教育成本。（2）理论基础扎实。在建构主义教育理论的基础上，这一学习平台注重推动师生平等协作共同构建知识体系，有助于增强学生的自主学习能力和拓展学生的创新思维能力。（3）能够个性化定制界面。这一学习平台的界面简单直观，能够根据用户的学习需求进行随时调整，且课程管理也较方便，这便于用户根据自身教学需求实现个性化设置。（4）兼容性比较好。该学习平台能够在多种支持 PHP 的平台上进行安装，对主流数据库支持度比较高，并且安装过程较为简单便利，从而使之得到推广和使用。（5）资源丰富且易操作。这一学习平台可以传送多种媒体文件，资源较为丰富多样，媒体资源编辑所采用的编辑器操作简单，无须经过专业培训即可进行操作。（6）安全性比较高。这一学习平台具备全面系统的安全检查，如表单检查、数据校验、Cookie 加密等方面的检查，从而保障了平台的安全性和可靠性。

Moodle 学习平台也存在一定局限：（1）适用规模受限。Moodle 学习平台作为 B/S 模式的应用程序，通常而言只适合中小型学校，不适合大规模在线学习场景或大型教育机构。（2）功能相对单一。Moodle 学习平台同一些综合性商业学习平台相比较而言，其功能丰富性不足，例如在商业运营、大规模在线考试等方面缺乏系统完备的解决方案。（3）必须依靠一定的技术支持。虽然 Moodle 学习平台的安装过程相对来说比较简单，但是对于完全没有技术基础的用户来说，在服务器搭建、数据库管理等方面仍然需要依靠一定的技术支持。

1.3.3 Coursera

Coursera 是一个全球知名的教育平台，与世界顶尖大学和教育机构进行合作，提供大量多元化的在线课程。这些课程涉及各类学科领域，包括但不限于计算机科学、人文社科、医学等多个学科领域，满足不同学习者的需求。其课程质量较高，主要由国内外知名大学的教授和专家授课，确保课程内容的专业性和权威性。此外，Coursera 学习平台提供多样化学习模式，包括视频讲座、项目实践、在线考试等模式，帮助学习者全面系统地掌握知识和技能。完成课程并达到课程的学习要求之后，学习者可获得由合作院校或者机构颁发的证书，这些证书具有一定的认可度，对于证明学习者的职业技能具有一定的作用。

访问地址：https：//www. coursera. org。

Coursera 学习平台具有诸多优势，具体表现为以下几个方面：（1）课程质量高。这一学习平台同顶尖大学、教育机构进行合作，主要是由知名教授和专家进行授课，这增强了课程的专业性、权威性和系统性。（2）学科领域广泛。这一学习平台涉及多元化学科领域，可以满足不同学习者的多元化学习需求，不论是想要提升专业技能还是拓宽知识面的学习者，都可以在这一学习平台上找到适合自身的学习课程。（3）学习模式多样。这一学习平台通过视频讲座、作业和项目实践等多种学习模式实现创新性结合，可以让学习者全面系统地理解和掌握相关知识，以不断提升学习者的实际应用能力和实践能力。（4）证书认可度较高。学习者在完成课程后，能够获得相应证书，这类证书具备一定的认可度，对于学习者今后的求职和升学等方面都具有积极的推动作用。

Coursera 学习平台也存在不足之处：（1）部分课程收费。虽然这一学习平台上有部分免费课程，但是许多优质课程必须付费才能进行学习，这对于一些经济条件有限的学习者来说会产生一定影响。（2）语言存在障碍。这一学习平台作为全球性的平台，其涵盖的众多课程都是以英语为主，这对于英语非母语的学习者来说，会存在语言理解上的困难，影响这些学习者的学习效果。（3）缺乏个性化学习方式。这一学习平台虽然提供了多元化课程和学习模式，但对于个性化学习路径的定制却较为不足，难以完全满足众多学习者的多元化学习需求。

1.3.4 edX

edX 是由哈佛大学和麻省理工学院共同创立的知名在线学习平台，与全球多所顶尖高校合作，提供高质量的在线课程。课程涵盖科学、技术、数学等多个学科领域，满足不同学习者的需求。该学习平台注重互动性，通过视频讲解、在线讨论和实验模拟等多种教学方法，提升学习体验。此外，edX 学习平台提供学习进度跟踪与评估功能，帮助学习者及时了解学习状态并调整策略。完成课程后，学习者可获得具有应用价值的证书，对学业和职业发展具有积极的推动作用。

访问地址：https：//www. edx. org。

edX 在线学习平台具备多方面的功能和优势，主要表现为以下几个方面：（1）具有顶尖学府背景。edX 学习平台是由哈佛大学与麻省理工学院共同创立，通过积极主动地与众多名校进行交流合作，课程的质量和学术性得到了大幅度提升。（2）学科覆盖范围比较广泛。edX 学习平台具有广泛的学科覆盖范围，可以满足不同专业和兴趣方向的学习者的学习需求。

(3) 互动性较强。edX 学习平台通过采用多元化互动式教学方法，如在线讨论、实验模拟等方法，能够提升学习者的参与度，加深学习者对于知识的理解。(4) 具有学习跟踪与评估功能。edX 学习平台能够提供学习进度跟踪和评估功能，让学习者可以及时有效地了解自身的学习状态，并科学地调整自身的学习策略。(5) 证书具有价值性。学习者在 edX 学习平台上获得的证书具有一定的应用价值，对于学习者的学业和职业发展具有积极的推动作用。

edX 学习平台的劣势主要表现为：(1) edX 学习平台付费课程较多，与 Coursera 类似，很多优质课程都必须付费，这在一定程度上限制了部分学习者的使用。(2) 学习压力比较大。由于课程注重学术性与质量，一些课程的难度比较大，这对于部分基础薄弱或自学能力较差的学习者来说，将会面临较大的学习压力。(3) edX 学习平台功能相对复杂。该学习平台的功能较多，并且比较注重互动和评估，这会导致对其操作相对复杂，对于一些新用户来说需要一些时间和精力来熟悉。

1.3.5 网易云课堂

网易云课堂是网易公司旗下的一款综合性在线教育平台，其主要专注于提供实用型的学习课程，涉及职业技能、生活兴趣、考证考级等多方面领域。网易云课堂的学习课程来源比较广泛，不仅有网易公司自身制作的学习课程，也有同众多教育机构和个人讲师合作推出的创新型学习课程。网易云课堂在线学习平台具有多元化学习功能，包括视频学习、课后练习、课程答疑等方面功能。网易云课堂已经拥有 4.5 万门课程、40 多个微专业、129 万个课程视频，内容覆盖 26 大类目、300 多个细分教学领域，与上万家教育机构和讲师深度合作，累计注册用户达 7000 万人。2017 年 10 月，网易云课堂在《互联网周刊》“2017 年中国在线教育行业综合实力排行榜”中名列第一。① 网易云课堂还能够根据用户的学习兴趣，创造性地为用户提供个性化的学习课程。此外，其还可以提供一些增值服务，例如就业指导、职业规划等服务，可以让用户更好地将所学的理论知识应用于实际实践工作和生活中，实现理论和实践的创造性结合。

访问地址：https：//study. 163. com。

网易云课堂学习平台具有多方面的优势，具体表现为：（1）学习课程实用性强。网易云课堂学习平台主要侧重于职业技能、生活兴趣、考证考级等实用领域，可以让学习者迅速提高自身在实际生活和工作实践中的能力与水平。（2）学习课程来源多元化。网易自身制作以及与多方合作的模式，使课程种类不断丰富和发展，以满足不同用户的学习需求。（3）具备个性化推荐。网易云课堂学习平台能够根据用户的学习兴趣，进行个性化课程推荐，让用户能够及时发现适合自己的学习课程，不断提升自身的学习效能。（4）具有增值服务。网易云课堂学习平台能够提供就业指导、职业规划等增值服务，从学习到就业等多方面为用户提供专业化支持。

网易云课堂的劣势主要表现为：（1）学习课程质量参差不齐。由于课程来源较广泛，在课程质量把控上存在着一定的难度，会导致部分学习课程质量不高。（2）缺乏一定的学术深度。这一学习平台和一些与高校合作的学习平台相比较而言，其课程的学术性不强，不太适合一些追求学术研究深度的学习者使用。（3）证书认可度比较有限。虽然有部分课程能够提供相应的学习证书，但这些学习证书在市场上的认可度还比较低，其主要体现的是个人的学习成果。

① 李莹，吴晓凡，刘秀颖．网易教育：知识共享的践行者［J］．浙江经济，2019（4）：20-21.

1.3.6 腾讯课堂

腾讯课堂是腾讯公司推出的一款在线教育平台，依托的是腾讯公司庞大的用户基础与技术实力。平台汇聚了众多教育机构和个人教师，通过 Zoom、腾讯会议等网络媒介，实现跨越地理限制的视听结合教学。课程资源丰富，涵盖从 K12 教育到职业培训、兴趣爱好等多个领域。腾讯课堂提供多样化的学习方式，包括直播教学、录播回放和互动答疑等。在教学模式方面，平台倡导“一对一”和“一对多”的班级式教学，满足不同学习场景和需求。此外，腾讯课堂还具备完善的社交功能，促进学习者与教师、学习者之间的交流互动。

访问地址：https：//ke. qq. com。

腾讯课堂学习平台具有多方面的优势，主要表现为：（1）腾讯课堂的学习课程资源丰富。大量的教育机构与教师入驻，学习课程涉及领域比较广泛，用户选择比较多。（2）学习工具多元化。腾讯课堂学习平台通过利用直播、录播、作业、答疑等多类学习方式，有针对性地满足多元化的学习需求，这对于实时学习和复习回顾都比较方便。（3）教学模式较为灵活。腾讯课堂学习平台积极倡导“一对一”与“一对多”的教学模式，能够适合于多元化学习场景和学习需求。（4）社交功能比较完善。这一学习平台具有的社交互动功能，能够推动学习者之间、学习者与教师之间的交流，不断提高学习者自身的学习效果。

腾讯课堂学习平台的劣势主要表现为：（1）课程同质化比较严重。由于大量教育机构与教师的入驻，导致一些课程内容趋向同质化，用户需要用更多的时间和精力进行筛选优质课程。（2）教师水平差异比较明显。众多教师入驻，让教师水平难以得到统一把控，可能会遇到一些教学质量不高的教师。(3) 平台营利模式会影响用户体验。这一学习平台的营利模式会在一定程度上影响部分课程的推广与用户体验，例如某些课程存在过度营销的情况。

1.4　当前高校教务管理中数据运用面临的问题和原因

随着大数据技术的不断发展，大数据应用逐渐渗入各行各业，在教育领域得到了广泛应用。现如今，大数据技术在高校教务管理中的深入应用，既可以提升学校管理的效率和水平，也可以不断优化教学资源和提升教育服务质量。但是，高校教育管理在进行数据运用中产生了一些问题，在一定程度上限制了大数据技术的应用效能的发挥。

1.4.1　数据准确性有待提升

高校教育管理系统在数据录入环节有时会存在误差。在高校教务管理的过程中，数据录入通常会涉及很多人员，涵盖教师、教务管理人员、学生等。例如，教师在对学生的考试成绩进行录入时，可能会由于自身的疏忽或者对于系统操作不够熟练，导致录入错误的数据；学生在进行自主选课、个人信息更新等一系列操作的过程中，也有可能由于自身的粗心大意而提供了错误信息。教务管理工作本身具备极强的复杂性和多元性，不仅需要为师生营造良好的教学环境，还需要结合院校自身的发展方向，打造完善的决策体系以及管理模式。① 例如，在进行自主选课的过程中，学生

① 李强．大数据时代应用型地方高校教务管理数字化发展研究［J］．信息系统工程，2023（4）：19-21.

选错课程代码或选错课程的上课时间等情况时常发生，这都会对教务管理数据的准确性产生影响。

另外，数据更新有时不及时。高校的教学情况是处于不断动态变化之中的，包括课程调整、教师变动等方面。然而，教务管理系统中的数据更新通常具有滞后性。数据正逐渐成为同物质资产和人力资本相提并论的重要生产要素，大数据的使用将成为未来提高竞争力、生产力、创新能力以及创造消费者剩余的关键要素，成为领军企业与其他企业之间最显著的差别。① 一些课程的教学大纲发生变化，或某门课程的任课教师出现临时更换的情况，致使相关数据不能及时有效地在系统中进行更新，这会导致学生依然根据原本的教学大纲进行学习，或者在查询教师信息时获得了错误信息，从而影响了教学活动的深入开展。

1.4.2 数据安全性有待提高

随着高校信息化智能化水平的不断提升，高校教务管理系统会面临来自外部网络攻击这一巨大风险。黑客可能会尝试入侵一些高校的教务管理系统，窃取学生的个人信息和教学资料，如学生的学号和家庭住址、教师的教学资料等。一旦高校教务管理系统被黑客攻击，学生信息遭到泄露，就会给学生和学校都带来严重的影响。

高校教务管理要严控内部数据管理漏洞这一问题。在高校内部管理中，对于教务管理数据的访问权限设置功能还有待完善。部分非相关人员具有超出其工作范围的系统访问权限，如他们能够访问或者修改数据，从而有

① James Manyika, et al. Big Data: The Next Frontier for Innovation, Competition, and Productivity, Report of Mckinsey Global Institute [EB/OL]. [2011-05-25]. http://www. mckinsey. com/insights/business technology/big data the next-fron-tier-for/innovation.

可能误删教务管理系统中的部分课程安排数据，导致课程安排出现混乱，这在一定程度上影响了教学安排和教学秩序。

1.4.3 数据整合与共享的关联性不高

系统间数据兼容性急需提升。高校内部一般会有多个管理系统，如教务管理系统、学生管理系统、财务管理系统等。这些管理系统是由不同开发商对其进行开发，因此其采用的是不同的数据库结构和数据标准。有些高校教务管理系统中的学生学号编码规则与学生管理系统中的不相同，将会导致在进行数据分析整合时，数据难以进行准确匹配和互相共享，这使得在全面分析学生的综合情况时面临一系列困境，例如在对学业情况和财务缴费情况进行关联分析等，则会难以全面把握两者之间的内在关联性。

不同部门间数据出现共享障碍。有些高校不同部门之间因为自身利益或数据管理习惯等，不太愿意同其他部门进行数据共享。例如，有些高校的教务部门可能认为学生的一些特殊学习情况是内部教学管理数据，不太愿意将这些数据同学生就业指导部门进行共享，但是就业指导部门却必须依靠这些数据来为学生提供更有科学性和针对性的就业指导。因此，这种部门间的数据壁垒阻碍了数据的充分利用，不利于高校整体管理水平和能力的全面提高。

1.4.4 数据挖掘与分析能力不足

专业化数据分析人才仍然比较缺乏。在一些高校教务管理中，存在对教务管理数据进行全方位挖掘和深度分析的专业人才匮乏等问题。已有的教务管理人员主要是进行日常事务性管理，而缺乏数据挖掘、数据可视化等方面的技能。如教务管理系统的子系统非常多，但是子系统之间并没有深入地互联，而是一个个独立的个体；且各个子系统之间数据并不互通，不同系统之间需要输入大量重复的数据。① 例如，倘若想要厘清某一专业学生在不同课程上的成绩分布规律，并以此来创新教学内容与方法，但由于缺乏专业化技术人才，使得难以进行可靠有效的数据分析，而错失改进教学方案的机会。

数据分析工具和技术应用功能有限。市场上有众多先进科学的数据分析和应用工具，但一些高校教务管理部门对这些工具的应用极其有限。有些高校的教务管理系统只具备基本的数据存储与简单的查询功能，导致难以满足复杂化、多样化的数据分析需求。例如，在分析不同生源地学生的多元化学习特点时，必须借助聚类分析等高级数据分析技术，但是有些高校现有的教务管理系统难以支持这些技术的应用，极大程度上限制了对相关数据价值的深度探析和挖掘。

基于当前高校教务管理在数据中运用面临的一系列现实问题，我们需要深入探析面临这一问题的根本原因，为推动高校教务管理的数字化、智能化发展提供重要依据。

从技术层面上看，高校教务管理存在的问题主要包括：（1）系统建设不够完善。部分高校教务管理系统在建设初始阶段，受资金、管理能力、技术水平等方面的限制，其系统功能设计存在一定的缺陷。系统在设计时不能考虑到数据的准确性校验机制，对于数据录入错误缺乏及时有效的纠正功能。此外，在系统的安全防护上，不能采用科学先进的加密技术和防火墙技术，导致系统容易受到网络攻击。（2）技术更新比较滞后。伴随信

① 蔡丽珠．大数据时代应用型高校教务管理数字化发展研究［J］．科教导刊，2022（33）：20-22.

息技术的发展，高校教务管理系统倘若无法及时进行技术更新，则会产生各种现实问题。例如，当教务管理系统无法及时引入大数据、云计算等新技术时，便不能满足日益增长的数据存储、分析、共享等各方面的需求，原有的系统若不能及时处理大量的教学数据，则难以实现数据的深度整合。

从管理层面上看，高校教务管理存在的问题主要包括：（1）管理体制不够健全。高校的教务管理体制在数据管理方面仍然存在一些漏洞。例如，对于数据录入、更新等各方面各环节，并没有建立严格的审核制度，不能明确规定各方面各环节的主要责任人。在数据共享上，没有建立健全统一的协调管理机制，导致难以明确多元化部门在数据共享中的各项权利和义务，使得各个部门之间的数据共享难以有效持续推进。（2）重视程度有待提升。一些高校领导与教务管理人员对于数据运用的现实价值认识不足，只是过于关注教学活动的日常组织以及教学资源的分配，忽视了数据在强化教学管理、提升教学质量等方面的作用。例如，有些高校并没有将数据挖掘和分析归纳方法运用到教务管理的常规工作内容中，导致无法为数据管理工作提供充足的资金和人力资源支持。

从人员层面上看，高校教务管理存在的问题主要包括：（1）人员培训力度不足。一些高校对于教务管理人员与教师的培训不够重视，同时对新型教务管理系统的使用、数据分析技能等方面的培训也比较缺乏，导致在数据录入、数据管理、数据分析等能力方面存在不足。例如，部分高校的教师不能够完全了解如何正确使用新型成绩录入系统，以致容易产生录入错误等问题。（2）人员意识较为淡薄。教务管理人员、教师、学生对数据的保护与利用意识都比较淡薄。例如，部分高校的学生可能将自己的学号和密码借给他人使用，这将会增加数据泄露的风险。此外，一些教务管理人员不能充分意识到某些数据的潜在价值和现实功能，不能对其进行全方位分析。

1.5 突破策略

高校应注重加强对信息技术相关专业的教育和研究，对于高校教务管理中数据运用存在的问题，应强化策略意识，培养一批具有高水平的信息化管理与教育教学管理人才，以更好地运用数据进行教务管理决策，推动高校教务管理的数字化发展和转型。

1.5.1 构建完善的数据整合和共享机制

科学统一数据标准。世界发达国家相继布局大数据战略，我国的高校教育模式正在经历着前所未有的变革，MOOC、SPOC 和 CDIO 等信息化教学模式为专业课程改革提供了创新性的平台。① 高校应制定科学统一的数据标准，涵盖数据格式、编码规则等方面的内容，对学生的学号、课程编号等关键信息，需要采用全校统一的编码方式，实现多元化系统之间的数据整合。

建立数据中心。高校应构建一个全校性的数据中心，将来自各个部门与系统的教务管理数据实现集中存储和系统管理，从根本上打破数据孤岛，促进数据的共享和交互。例如，加快建立综合教务数据中心，将教务处、研究生院、各学院等相关数据系统整合起来，以提升数据的可用性与管理效率。

推动数据接口开发。高校应通过开发标准化的数据接口，让不同系统

① 陈曦．高校数据驱动教学改革的发展路径［J］．教育理论与实践，2020（33）：52-55.

之间可以更加便利地进行数据传输与数据共享，使选课系统与成绩管理系统之间通过数据接口，能够实时更新学生的选课情况对成绩的影响，为优化教学决策提供及时准确的数据支撑。

1.5.2 提升数据质量

加强数据录入规范培训。高校应对涉及教务数据录入的教务处工作人员、教师等进行规范化培训，让他们了解并熟悉规范数据录入的流程和要求，并要求教师能够根据规定的格式与时间节点，准时准确录入学生成绩，从而避免因人为因素导致出现数据录入错误这一问题。

构建数据审核与纠错机制。高校应构建并完善数据审核制度，定期对教务管理数据进行科学化、规范化审核，对于错误或异常数据，能够及时进行纠错处理；教务处能够定期对新录入的成绩数据进行合理化抽检，及时发现问题，及时通知相关教师进行修改。

强化数据更新管理。高校应明确数据更新的主要责任人和重要时间节点，及时更新数据。例如前台面向选课学生，可以采用 B/S 模式；后台则主要服务于控制管理员，可以采用 C/S 模式。而解决短时间爆发式增长的并发量问题则可采取“0”数据库访问、XML 技术、客户端脚本等。①

1.5.3 加强数据安全与隐私保护

强化技术手段保障。高校可以通过采用加密技术，科学化地对学生的

① 苏瑞东．新时期高校教务管理的信息化转型分析［J］．中国新通信，2022（24）：102-104.

成绩数据、个人信息等数据进行加密存储与传输，防止相关重要数据在存储与网络传输过程中遭到泄露。此外，还可以通过建立数据备份和恢复机制，以应对可能的数据丢失或损坏等情况。

加强访问权限管理。高校应注重严格控制对教务管理数据的访问权限，对于不同人员的职责，应对其分配不同级别的访问权限。教师能够访问与自己所授课程相关的学生数据，教务管理人员可以根据具体工作要求，访问更加广泛的数据，但必须遵循严格的审批流程。

注重隐私政策制定。高校应通过制定全面明确的隐私政策，让教师和学生深入了解数据将如何被收集、使用和保护等内容，确保尊重与保护教师和学生的隐私权益。

1.5.4 深入分析和挖掘数据价值

加强学情分析。高校应充分运用数据分析技术对学生的学习情况进行分析，通过分析学生的成绩数据、作业完成情况等，摸清学习难点、学习习惯等，为教学方式的改进以及个性化辅导提供现实依据。

健全教学质量评估体系。高校基于已有的分析数据，能够对教师的教学质量进行系统评估。除了传统的学生课程评价数据之外，还应广泛结合教学过程中的教学资源使用情况、学生成绩提升幅度等方面的数据，不断完善和健全教学质量评估体系，实现客观、公正地评估教师的教学效果，为教师的职称评定、教学奖励等提供可靠的参考依据。

推动资源优化配置。高校应根据数据对教室、实验室等教学资源的使用情况进行综合性分析，做到合理安排教学资源的分配，分析不同时间段教室的使用频率，不断优化课程安排，从而提升教学资源的利用率。

1.5.5 强化人员的数据意识和能力

增强数据意识。高校应通过组织培训、讲座等方式，增强高校教务管理人员、教师、学生的数据意识，使他们能够深刻认识到数据在教务管理中的重要作用，积极参与数据的收集、整理和利用。

提升数据分析能力。高校应对教务管理人员和教师广泛开展与数据分析相关的培训课程，提高他们的数据分析能力，使他们能够使用 Excel 高级功能、SPSS 等数据分析工具，从而实现对教务管理数据进行全方位分析和整合，以便于更好地优化和完善教学管理决策。

在高校教务管理中，科学合理的数据运用策略对于提升管理效率、教学质量和学生的学习效果具有重要作用。通过构建完善的数据整合和共享机制、提升数据质量、加强数据安全与隐私保护、深入分析和挖掘数据价值、强化人员的数据意识和能力等多元化实践策略，能够更好地应对当前高校教务管理中的数据运用的现实挑战，从而推动高校教务管理向数据驱动的现代化管理模式转型。

2. 国际动态篇

2.1 美国高等教育中的数据评价

在美国，高等教育数据治理体系的设计和建设起步较早，1965 年美国联邦政府颁布《美国高等教育法》，此后陆续颁布了若干有关高等教育数据管理的法律。20 世纪 80 年代，美国高校开始通过调查问卷获取学生的学习信息和教师的教学科研信息。进入 21 世纪，随着信息技术的迅猛发展，高等教育对信息化建设的重视程度日益提升，数据系统得到了进一步的优化与集成。美国建立了包括国家级、州级（State-level）、学区级（District-level）以及校级（School-level）在内的各级各类教育数据系统（Educational Data System）。① 这一做法在推动个性化学习、提供教育决策支持、促进教育科研深入、助力教师专业成长以及加速教育数字化转型等方面均发挥了不可或缺的作用，为高等教育决策提供了全面且有力的数据支撑与保障。

2.1.1 立体化的数据系统体系

美国对数据的运用与管理走在世界前列。早在 1867 年美国联邦教育部成立时，"采集统计数据和资料，以了解现有各州学校的现状和进展，向公众介绍学校的组织管理、学校制度和教学方法，使公众明了建立和保持一

---

① Improving Data Quality for Title I Standards, Assessments, and Accountability Reporting [EB/OL]. [2025-12-28]. https://files.eric.ed.gov/fulltext/ED494083.pdf.

个高效率的学校系统的重要性，以促进整个国家的教育发展”① 就成为它的主要使命。随着信息化的不断发展，对数据的采集也更全面、智能和高效。美国高等教育的发展步伐与科技进步紧密相连，借助日新月异的计算机技术，精心构建了一个以学生为中心、覆盖广泛且倡导终身学习的先进教育生态系统。

2.1.1.1 高等教育综合数据系统

高等教育综合数据系统（the Integrated Post-seccondary Education Data System，IPEDS）于 1986 年开始建设时分类采集数据和资料，后进行多次的修改补充，于 1998 年依托互联网丰富检索功能，提高了采集的速度和准确性。该系统的主要功能有：为高校提供反馈和比较信息、为高校整体的评估认证提供重要数据、为高等教育的研究者提供基础资料、为高等院校的排名榜提供主要数据、为高等院校的指南手册提供可靠数据。② 全国性数据采集从每年秋季学期开始，至春季学期结束。

国家教育信息统计中心（National Center for Education Statistics，NCES）则受国会授权，负责收集、整理、分析和报告有关美国教育状况的完整统计数据，执行和发布报告，以及审查和报告国际教育活动。③ 高校除了需要向该中心提供数据外，也可以在此查到自己需要的各种数据资料。④ 这

---

① Aliyeva A.，Cody C. A.，Low K.. The History and Origins of Survey Items for the Integrated Postsecondary Education Data System［M］. National Postsecondary Education Cooperative Publications，2018（23）：7-12.

② 王竞，胡咏梅. 美国高等教育数据库的建设及其启示［J］. 教育经济评论，2019（6）：109-125.

③ National Center for Education Statistics［EB/OL］.［2025-12-28］. https：//www.niss. org/affiliates/national-center-education-statistics.

④ 黄艳霞. 美国高等教育数据库建设的经验与启示［J］. 扬州大学学报（高教研究版，2010（4）：71-75.

样逐渐形成一个资源共享、互利共赢的教育信息生态，不仅促进了教育资源的优化配置，还激发了教育创新与改革活力。

2.1.1.2 州纵向数据系统

在联邦政府的大力倡导下，美国州纵向数据系统（State Longitudinal Data System，SLDS）于2005年成立，美国教育部的SLDS基金是维持该系统运行的重要保障。该系统的目标是通过深入分析全州学生、教师和学校的数据，帮助州、区、学校、教育工作者和其他利益相关者继续促进教育改革和学生发展。不同州的教育数据系统基本具有测量学生的成长（Student Growth Measures）、提供高中学习反馈报告（High School Feedback Reports）、实施学业预警（Warning Systems）的功能。①

州纵向数据系统通过追踪与应用全州学生从学前教育至职业生涯（Preschool to Workforce，简称P-20W）的个人发展数据，以有效支持教育领域的系统优化与变革。② 各州在实践中根据自身特色和需要对纵向数据系统进行建设，如密西西比州开发“人生足迹”（Life Tracks）系统，田纳西州建立K12高等教育和就业阶段的数据的“评测田纳西”（Measure TN）系统，缅因州则是在2010年创建能够分析学生学业成绩、教育参与度和背景信息的“风险数据集”（At-risk Data Mart）以帮助教育工作者识别面临辍学风险的学生。

2.1.1.3 学校数据系统

早在21世纪初，美国的一些高校就已经制定了长远的信息发展战略规

① 郑燕林，柳海民．大数据在美国教育评价中的应用路径分析［J］．中国电化教育，2015（7）：25-31.

② 阮士桂．美国州级纵向教育数据系统（SLDS）发展特征及启示［J］．中国远程教育，2019（12）：71-78.

划。2023年发布的《人工智能与教学的未来》（*Artificial Intelligence and the Future of Teaching and Learning*）中预测人工智能可以助力形成性评估以支持学生的学习。与前两套数据系统相对应与配合，美国高等教育在探索数据系统建设方面也开展了一些探索。如加州大学总校通过数字化技术，将加州大学从1869年建校开始到建立加州大学数据系统之前的学生信息进行数字化处理，形成了拥有几千万条信息的学生数据库。①

美国华盛顿大学（University of Washington）以解决传统教学评价中存在的主观性过强、数据碎片化和反馈滞后等问题为出发点，在20世纪90年代开发了综合性教学评价系统IA System；罗切斯特大学护理学院使用Intelli Metric在线评分系统对学生的论文进行自动化评分；纽约城市大学的研究与评估机构联合加州大学伯克利分校开发设计了基于人工智能的个性化评价推荐系统PLAN-BERT。这些经验对于其他国家的高等教育来说具有重要的借鉴意义，有助于推动全球高等教育向更加智能化的方向发展。

2.1.2 以Canvas为代表的学习管理系统

学习管理系统（Learning Management System，LMS）是一种用于创建、管理、交付和跟踪在线学习活动的软件平台。其主要功能包括课程管理、学员注册与分组、内容发布、学习进度监控、在线评测、互动讨论及数据分析等。Canvas学习管理系统（Canvas LMS）是由美国Instructure公司2011年开发的一款现代化的开源学习管理系统，以数据可靠、功能

① 常桐善．高等教育大数据建设路径——美国的经验及其对中国的启示［J］．重庆高教研究，2022（4）：20-30.

强大、使用方便的特点成为斯坦福大学、麻省理工学院、哥伦比亚大学等高校的主要在线学习平台。Canvas 学习管理系统能够提供课程创建、资源管理、交流互动、学习评测、学习行为数据记录与分析、移动学习等核心功能，可以支撑课堂教学、混合式教学、翻转课堂、在线教学等各类教学场景。

访问地址：https：//tonylabs. com/support/canvas-lms。

2.1.2.1 收集分析学生数据

Canvas 学习管理系统的数据统计分为管理员视角与教师视角。① 管理员视角中分为数据统计和分析两个部分，记录了学习者在学习活动中产生的具体数据。教师视角可以查看学生的互动报告，并且可以在学生的评分中看到作业的具体信息、截止时间、评改内容以及分数。学习的掌握程度则体现在某项内容相关作业的评分上，兼具的数据分析功能可以对数据进行简单的分析，使教师更好地对学生进行评价。因此可以使管理员更加清晰地了解目前平台的使用状况，使教师能够更加直观地了解学生的学习行为，对学生进行评价。

Canvas 学习管理系统收集的数据由多个主体汇总。② 教育机构在网上保存着考试数据和学生成绩的记录；第三方服务提供商保留了工具使用的记录，包括详细的分数和个人资料，以及记录学生辅导行为、书面论文或其他问题解决方案的点击流数据，甚至是请求帮助的记录。亚利桑那州立

① 黄赟茹．大数据时代学习平台的数据统计分析功能研究——以 Canvas 和 Sakai 系统为例［J］．情报工程，2016（3）：43-52.

② Lynch，Collin. Who Prophets from Big Data in Education? New Insights and New Challenges［J］．Theory and Research in Education，2017，15（3）：249-271.

大学（ASU）2019 年开始使用 Canvas 学习管理系统替代之前的 Blackboard 系统，通过内置分析工具和数据导出功能从登录频率、课程资源访问时长、作业提交及时性、讨论区参与度以及视频观看完成率等方面实时采集学生的多维数据。

2.1.2.2 优化调整学习内容

高校通过学习管理系统、可穿戴设备等多种智能设备和智慧系统收集学生的学习数据并进行分析，目的是通过计算机工具的辅助决策来提高学习成绩。高校可以通过报告证明教学内容之间互动的合理性，或通过分析每种教学方式中使用的策略的有效性以及达到熟练程度的学生和落后的学生之间的时间分配来改进学习过程。如从参与聊天、论坛和视频协作的数据分析得出这些途径可以促进学生成绩的提高，从而促进高校管理人员或者教师合理分配学习模块。①

除此之外，高校也将学生对教师的评价整合到可以通过 Canvas 访问的第三方应用程序菜单中，通过这种方式直观分析老师教学的成效。圣何塞州立大学的 Canvas Infrastructure LMS 中就集成了 CoursEva 这一由 Campus Labs 管理的外部课程评估应用程序，将教师评价方式以及数据保存转移到在线空间。犹他州立大学（Utah State University，USU）的教师可以在 Canvas 学习系统中启用精通路径，根据学生以前的成绩自动分配课程作业，实现学习内容的动态适配。西卡罗来纳大学利用 Canvas 的模块化内容设计和条件释放（Conditional Release）功能，根据学生的前测成绩和章节测验表现自动推送差异化学习资源。

① García，Daysi，Juan Pino，and Pichardo Muñoz. Learning Analytics as an Analysis Factor of University Academic Performance 1st Latin American Workshop on Learning Analytics [EB/OL]. [2025-01-17]. https：//ceur-ws. org/Vol-2231/.

2.1.3 以 GPS Advising 为代表的学业预测系统

2012 年，美国教育部教育技术办公室称，通过分析预测学生表现，教育机构可依据个体学情特征实施及时干预：识别学业风险学生，定制差异化教学策略，并提供精准反馈。GPS（Graduation Progression Success）Advising 学业预测系统是佐治亚州立大学（GSU）为解决低毕业率困境和少数族裔学生学业差距问题，于 2010 年研发的数据驱动学业支持平台，一旦学生出现异常学业情况，系统就会重新校准，使其回到正确的学业轨道上。

访问地址：https：//gps. ucsd. edu/students/admitted-students/index. html。

2.1.3.1 预测：数据融合与智能分析

用机器学习算法预测学业风险，旨在根据每个学生的需求，预测那些因失败或教育落后而有可能辍学的学生。GPS Advising 学业预测系统通过整合学生的学业记录、行为数据和社会经济信息，精准预测学生挂科、辍学、延期毕业风险以及经济困难。并基于实时预警，系统向学术顾问推送动态干预任务，同时自动对接经济援助服务，将分散数据转化为行动指南，形成“预测–预防–支持”的闭环。在这个系统的帮助下，GSU 的六年毕业率从 2008 年的 48%提高到 2018 年的 55%，非裔美国男性毕业率从 2006 年的 18%提高到 2022 年的 55%。①

与之类似的，奥斯汀皮伊州立大学运用大数据推出了“学位指南针”

① Georgia State Tackles Racial Disparities with Data-Driven Academic Support［EB/OL］.（2019-04-29）［2025-01-17］. https：//edtechmagazine. com/higher/article/2019/04/georgia-state-tackles-racial-disparities-data-driven-academic-support.

（Degree Compass）课程推荐系统。该系统通过对学生过去成绩与当前成绩的比较，预测学生在某课程中达到某等级的概率。数据显示，该大学在采用“学位指南针”后，学生的成绩提高了 5 个百分点。① 美国北密歇根大学也利用校友数据库，通过大数据分析识别出没有完成学业或潜在的学习者。② 这些成功案例不仅体现了机器学习算法在预测学业风险方面的巨大潜力，还显示出数据驱动决策在教育领域的重要性。

2. 1. 3. 2　预防：动态干预与资源优化

动态干预是在问题或风险造成最坏的结果之前，通过持续地监测、分析，主动采取措施以防止问题的恶化，兼具减少损失与提高效率的双重作用。GPS Advising 学业预测系统背后的技术是 EAB 平台，该平台能够利用 GSU 的学生信息系统获取其 5. 3 万多名学生的数据。学生的电子足迹能体现出潜在的问题，工作人员通过收集 10 年里 250 万份成绩单和 14 万条学生记录，以具有统计意义的方式搜索与辍学率相关的数据点和可识别行为，找出了诸如学期中退学等 800 种与辍学直接有关的行为。

这些数据点将为学校进行干预提供依据，如没有登录 Wi-Fi 网络则可能表示没有上课。当监测到这 800 种行为中的任何一种，分配给该学生的顾问会收到相应的警报，并在 48 小时内尽其所能为学生提供面对面的干预。同样进行干预的还有佐治亚州立大学（Georgia State University）推出的“主修专业匹配”（Major Matcher）系统，即基于现在的学生已经修过的课

① 王旭燕，孙德芳．美国高校大数据精准指导弱势学生发展研究［J］．比较教育研究，2020（6）：50-57.

② 苏珊，马志强．高等教育数字化转型的国际经验：基于 CIPP 模型的实践案例［J］．中国教育信息化，2022（8）：18-24.

程的成绩，以及学生的以前课程成绩等，利用大数据的预测分析技术，建议学生明智地选择学习他们最有可能取得成功的主修专业。① 通过这些做法促进学校资源的合理调配和有效利用。

2.1.3.3 支持：个性化服务与长期追踪

GPS Advising 系统不仅预测风险，更通过资源智能匹配构建多维支持网络。佐治亚州立大学在影响学生成功和保留率的另一个关键方面——经济援助上也给予足够的重视，启动了 Panther Retention Grants 计划，为每学期近 1000 名因经济原因辍学的学生提供小额助学金。对于面临经济困难的学术合格学生，该系统更是自动将高达 1500 美元的资金转入他们的账户，使其能够继续攻读学位。② 在学业上，该系统会提醒学习顾问检查学生测验的通过情况，让学习顾问建议学生参加免费的课程辅导。肯尼索州立大学也通过建立在线学习系统收集分析学业得 A 的学生的学习特征，并总结经验，为学生提供努力的方向。

除了支持学生学业外，美国对数据管理探索的一些做法也体现出对教师的教学支持。如加利福尼亚州教育局与一家公司签订开发在线系统的协议，向教师提供学生评价标准的相关数据，引导教师关注学生个性发展。同时该系统还能链接教育资源，丰富教师的教学资料。③ 掌握和获得这些数据和资料，让教师在因材施教的同时关注提升自身素养，为高等教育的

---

① 胡乐乐．大数据时代美国高校管理改革创新［J］．比较教育研究，2016（7）：71-78，112.

② Case Study：Georgia State University Atlanta，Georgia［EB/OL］．［2025-01-37］．https：//agb. org/wp-content/uploads/2019/01/case_study_innovation_georgia. pdf.

③ 王宝义．大数据时代美国数据驱动决策系统教育的应用与启示［J］．黑龙江高教研究，2019（4）：70-72.

发展提供坚实支撑。

2.2 法国高等教育中的数据评价

20 世纪 90 年代末至 21 世纪初，法国开始重视教育数据，主要体现为相关基础设施、材料和资源的建设。法国政府于 1997 年发布“信息社会政府行动计划（PAGSI）”，提出让未来的公民掌握使用重要通信工具的技能，并利用多媒体技术实现教育现代化，2003 年建立的“数字工作空间”（Espace Numérique de Travail）面向全国服务。相关成果为教师、学生、家长和非教学人员提供教学、协作和通信工具的同时，还允许学生、教师和家长轻松访问缺勤、成绩、家庭作业的分发和咨询等一系列数字服务。① 同时，法国的公共政策也协助教师在教育中使用数字技术，以混合设备和远程设备打造丰富的课堂体验。2016 年 10 月 7 日通过的法国第 2016-1321 号法律“Pour une République Numérique”（数字共和国）包含关于高等教育的章节，旨在促进为研究目的访问公共数据，使人们能够免费访问公共资助的研究项目，并加强数字教育。

2.2.1 国家级教育数据的建设

法国在国家层面的数据建设上有着较为系统性和前瞻性的部署，采

① Espace Numérique de Travail-Accédez à votre établissement [EB/OL]. [2025-02-02]. https://hautesavoie.ent.auvergnerhonealpes.fr/espace-numerique-de-travail-accedez-a-votre-etablissement/espace-numerique-de-travail-accedez-a-votre-etablissement-4578.htm.

取了很多措施，使教育领域的数据管理与运用能力得到进一步提升。1986年成立的“教育预测与评估司”（DEP）为教育数据的系统化管理奠定了基础，其主要职责为：研究、监测、分析全国范围内教育的数据，并定期发布相关报告。为更好使用、传递和挖掘数据资源、支持教育决策和政策制定，法国国民教育和青年部于2019年新设“专项工作高级顾问委员会”。2023年1月出台的《2023—2027年教育数字化战略》则旨在以完善教育生态系统为支撑、以搭建数字社区为杠杆、以配齐个人设备为载体。① 这些措施推动着法国教育数据建设逐步完善和体系化发展，使数据资源转化为国家教育战略能力，为提升教育质量、优化教育管理指明了方向。

2.2.1.1 将数据管理嵌入国家数字顶层设计，打造自主化的数字生态系统

数据自主不仅能保障个人隐私和信息安全，还在数字化时代赋予掌控自己数据资源的能力。自2017年以来，法国政府开始了对人工智能发展的反思。为了实现《法国2030年计划》的目标，政府从2018年开始启动了国家人工智能战略。法国参议院2022年7月通过了《数字空间安全和监管法》（*Law to Secure and Regulate the Digital Space*，the“Loi SREN”），要求所有敏感数据必须使用不受域外法律约束的云服务提供商，旨在监管法国数字空间的服务和活动。2023年9月19日法国政府邀请了来自文化、经济、技术等不同领域的专家，成立生成人工智能委员会。

保障师生个人数据安全是教育信息化发展的基本要求，也是教育资源建设的必要前提。2017年12月18日法国教育部发布《关于建立名为“资

① 凌鹊，王艳．法国教育数字化转型的动因、路径与挑战——基于《2023—2027年教育数字化战略》的分析［J］．电化教育研究，2024（2）：121-128.

源获取管理器”的个人数据处理方法的决议》，宣布正式实施 GAR 系统。GAR 是个人 ENT 使用者、学校、教育机构和数字资源提供商之间的沟通纽带。① 在教育部确认数字资源提供商提供的资源以及对资源的访问方式合规后，数字资源提供商便可以手写或电子签名的方式订立 GAR 合同。②

2.2.1.2 打破数据孤岛，构建教育数据生态系统

2018 年法国发布的《数字化助力可信赖校园》报告指出学校的各方参与者和合作伙伴是实施数字战略必须依赖的重要资源。法国推出的“法国连接：教育”（France Connect Education）认证系统整合税务、邮政和教育信息平台，简化家长办理手续的流程。2023 年，法国颁布了《基于共享的教育数字化公共政策 2023—2027》（*Numérique pour l'Éducation 2023-2027 la Vision Stratégique d'une Politique Publique Partagée*），系统地描绘了法国教育数字化的未来蓝图，期望构建一个完整的数字教育生态系统，以共享为关键词，推进公平、包容和个性化的教育模式。③

在这些政策的保障下，法国根据不同主体的需求推出了数据的共享平台与工具，如使师生共享教育资源的“Moodle”网络教育平台、能够共享课堂的“Classes Virtuelles”平台、为教师和教育行政人员提供在线培训课程的“Magisterium”平台。同时，为教师提供“apps education. fr”服务平

① Ministère de l'Éducation Nationale, de la Jeunesse. Le GAR, C'est Quoi? [EB/OL]. [2025-01-19]. https://gar. education. fr/.

② GAR-Référentiel Technique et. al. Fonctionnel de Sécurité- Informa-tions Générales [EB/OL]. [2025-01-19].https://gar. education. fr/wp-content/uploads/2024/07/GAR-RTFS_V7. 3_PresentationGenerale. pdf.

③ Ministère de l'Éducation Nationale, de la Jeunesse. Numérique pour l'Éducation 2023-2027 la Vision Stratégique d'une Politique Publique Partagée [EB/OL]. (2023-01-27) [2025-01-20]. https://www. education. gouv. fr/strategie-du-numerique-pour-l-education-2023-2027-344263.

台、基于开源软件“BigBlueButton”的“虚拟班级”和“视频代理”，使教师能够在教学过程中更有效地整合资源，提升教学的效率和质量。①

2.2.1.3 激活教育数据要素价值，培育数据驱动的创新生态

2021年9月24日，法国高等教育、研究与创新部（MESRI）发布了《大数据、算法和源代码政策：2021—2024路线图》，旨在提高大数据的结构化、标准化、流通性、开放性和再利用水平，统筹多元海量大数据管理与监管。为了推进教育数字化转型生态系统的构建，法国国民教育和青年部发布《2023—2027年教育数字化战略》，提出包括把握教育数字化转型中技术生态与教育生态要素协同耦合在内的一系列行动计划。法国启动了教育数据中心项目，促进教育数据的流通和利用，为教育研究和政策制定提供有力支持。

除了政策支持外，借助Édu Up支持计划，政府积极激励科技企业研发创新性的教育项目，对于通过审查的企业，政府将给予财政援助，提供最高可达7万欧元的补贴。自2017年以来，近100个项目获得资助，涵盖各教育阶段和多个学科，促进了适应性学习资源的发展。② 这一举措目的在于其推动人工智能在教学辅助、模拟与沉浸式学习、师生协作交流服务以及教育与数字资源共享领域的应用。

2.2.2 “法国数字大学”（FUN-MOOC）发展国家战略

相较于美国，法国高等教育的蓬勃发展主要归因于政府的积极推动。

---

① 米娜瓦尔·米尔哈力，王正青．法国教育数字化政策演进与实践策略［J］．世界教育信息，2024（7）：65-72.

② Ministère de l’Éducation Nationale, de la Jeunesse. Le Dispositif Édu-up［EB/OL］.（2023-09-01）［2025-01-25］. https：//eduscol. education. fr/1603/le-dispositif-edu.

2000 年法国政府启动了“数字校园”计划，旨在通过信息技术手段提升校园的数字化水平；2001 年推出了“数字工作环境”（ENT）计划，旨在通过数字化手段提升工作场所的效率和协作能力；2003 年启动了“数字区域大学”计划，旨在通过数字化手段提升区域高等教育的质量和可及性。

2012 年，大型开放在线课程（MOOC）在全球高等教育范畴内引发了一场变革，对传统大学的教学模式及教育理念造成了深远影响。免费在线教育平台 Coursera、edx 和 Udacity 的推出也得益于哈佛大学、麻省理工学院和斯坦福大学等世界高校抓住数字化转型的契机。“法国数字大学”（FUN-MOOC）发展的国家战略则是法国政府于 2013 年 10 月 28 日正式提出，用以促进高等教育的 MOOC 发展。

2.2.2.1 “法国数字大学”（FUN-MOOC）的配套支持

为促进高等教育数字化转型战略的有效实施，法国政府于 2014 年由高等教育与研究总署牵头组建了“法国数字大学”基金会，正式纳入国家科学合作基金会（Fondationde Coopération Scientifique）管理体系，为后续 MOOC 平台建设奠定了组织基础。该基金会的主要职责是做好数字化教育机构门户网站的信息收集工作，维持现有平台的正常运作，促进教育机构在 MOOC 认证、线上培训、文凭及资格认证等方面开展创新，引进教育管理的新方法，促进教学创新，推进数字化革命等。①

随着 FUN-MOOC 项目的推进，法国政府也在不断完善相关的制度架构与管理体系。2014 年 8 月 19 日，以高等教育与研究部、国民教育部和经济

① 曾晓洁，张惠．法国 MOOC 发展的国家战略：“法国数字大学”探析［J］．比较教育研究，2018（1）：78-87.

与财政部三方的协商为基础，达成有关行政协议，于同年9月审议通过并正式纳入《关于公共网络机构（GIP）成立协议》的框架内。根据协议构建新型协同治理模式的决定，“法国数字大学—MOOC公共集团”在11月正式成立，管理“法国数字大学”平台运营事务，极大地推动了FUN-MOOC的发展。

2.2.2.2 “法国数字大学”（FUN-MOOC）的实施成效

学习者只需在“法国数字大学”（FUN-MOOC）的官方网站上进行注册，就可以开始选择课程。每门课程都有一个记录学习者学习进展的板块，在这个板块里，系统会记录学习者在每一章节的测试得分，但每一门课程对学生成绩的评估标准不同。一些课程还支持在线考试，如果最后通过网上测验和课程考核，便可获得开放徽章。

访问地址：https：//www.fun-mooc.fr/en/contributeurs/francois-lellouche。

截至2023年1月，FUN-MOOC包含855种不同的课程，包含法语、英语、西班牙语、阿拉伯语等8种语言，涵盖数字与技术、法律、经济与管理、计算机科学与编程、政治学与国际关系等25个领域。支持“自定进度”的课程数量也从2018年的17门增加到了2023年的114门。同时，FUN-MOOC设计并实施了一条完整的学习分析线，能够收集学习轨迹并通过LTI集成显示指标。截至2023年1月，FUN-MOOC的注册人数超过370万人。2023年入学的人员中法国占67%，其余分别为非洲占15.6%、北美占6.6%、欧洲占5.4%、南美占3.4%、亚洲占1.6%和大洋洲占0.4%。在2023年所有参与FUN-MOOC学习的国家中，参与度最高的国家是法国（参与率是67%），最低的是巴西（参与率是1.1%）。

2.2.3 Ecole 42 数字化人才培养模式

Ecole 42 喻指学生对未知充满想象和热情，由法国电信大亨泽维尔·尼尔（Xavier Niel）2013 年出资 7000 万欧元联合发起创建，以解决精英阶层固化和教育不公等问题，为全世界有志于编程学习的学员提供数字化支撑的学习环境。该项目实行免费教育，摒弃了传统教育的诸多元素，如固定的课程、教室及授课教师，转而依托在线平台与项目合作，促进学生的自主学习。

总部位于巴黎的 Ecole 42，是致力于探索未来软件工程师如何运用数字资源与软件工具独自攻克复杂编程难题的私立计算机科学培训学校，实行“无教师、无教材、无课程”的数字化教学模式。泽维尔的“数字化助力学生自我重塑”是该模式所秉持的理念，其目标就是为要在下一代成为领先的 IT 人才提供一切支持。① 其教学精髓在于重构学生与学习的联系，而数字技术则是这一重构过程中重要的助推器。Ecole 42 以独特的教学模式和海量的学习资源帮助学生培养技能，并指导其职业方向。

2.2.3.1 Ecole 42 数字化人才培养模式的招生录取与课程设置

Ecole 42 申请者需年满 18 周岁，对申请者的学历背景没有严格要求，但申请者需先参加两小时的在线逻辑测试，测试内容为一系列逻辑游戏，旨在考查申请者的逻辑思维能力。通过网络测试的申请者会被邀请参观学校，了解教学情况。申请者需参加为期一个月的“游泳池”（Piscine）学

① An Unrivaled Concept［EB/OL］.［2025-02-05］. https：//42. fr/en/ what-is-42/42-program-explained/.

习体验活动，学习特定概念或编程。①

Ecole 42 在招生录取过程注重申请者的技能与潜力，通过严格的选拔流程确保学生具备自主学习和团队合作的能力。通过“黑客马拉松”选拔方式，要求申请者完成一系列编程挑战来展示自己的技能和潜力。学校录取率不足 2%，但每年吸引全球近 8 万人申请，其中不乏斯坦福大学等国际名校的毕业生，也包括未完成高中学业的年轻人。Ecole 42 的公共核心项目课程内容涵盖数据库、操作系统、网络协议等专业知识，提供多种编程语言课程，如 C、C++、Python、Java 等。学生还要学习基于对象的编程、客户端-服务器项目和基本的 Web 开发技能。通过者需完成 1~9 级的课程，时间一般需要 18 个月。

2.2.3.2 Ecole 42 数字化人才培养模式的学习模式

Ecole 42 以数字化管理团队取代传统授课型师资，团队技术管理人员只负责解决技术问题和引导学生学习，不解答问题。团队采用项目驱动学习、同伴学习（peer-to peer learning）、自主学习的教学方法，既强调学生的主动性和创造性，要求学生通过完成实际项目来学习和掌握知识，使学生在解决实际问题的过程中提升技能和能力，又鼓励学生通过与同伴合作完成项目，互相学习和帮助，提高学习效率、培养团队合作精神和沟通能力，同时鼓励学生通过互联网和合作伙伴获取学习资源，自主完成学习任务。

这种学习方式培养了学生的自主学习能力和解决问题能力。同时，Ecole 42 有多个社区联盟，学生可加入任一阵营学习。如遇编程或相关问

① 杜剑涛. 法国 Ecole 42 数字化人才培养模式［J］. 开放教育研究，2024（2）：23-30.

题，学生先求助谷歌系统，或将代码分享到软件项目托管平台 Github 寻求支援。这种模式有利于培养出具备软件开发、数字技术的适应和创新、信息系统的设计和管理、团体和项目的管理和沟通等多技能的人才。Ecole 42 规定学生需凭借通关课程获得法国国家职业文凭认证目录认证的等级证书。学生修完公共核心课程，可获得对应的 9 级证书；只有修完所有分支课程，才可获得 21 级证书（最高级）。①

2.2.3.3 Ecole 42 数字化人才培养模式的实践与就业

专业实践是 Ecole 42 的重要模块，负责培养学生的实操技能，学生不仅在平日有大量的编程练习和项目任务，还必须在不断练习中提高自己的实践动手能力。在这种人才培养模式下，全球超过 3000 家软件公司、服务公司以及跨国企业都与其建立了紧密的联系，为学生提供了大量的企业实习机会以获得 Ecole 42 培养的大量软件人才。在就业服务方面，Ecole 42 的学生可享受更多职业规划、求职面试技巧等就业服务和指导，学校也会定期举办的招聘会和职业规划讲座，帮助学生了解就业市场需求和行业发展动态。

Ecole 42 还鼓励学生参与各类创业活动。2018 年学生创业团队在"TechCrunch Disrupt"创业比赛中赢得了第一名，获得 100 万美元的投资。同时 Ecole 42 还定期举办国际论坛、研讨会，邀请来自世界各地的行业专家分享经验和见解，通过数字媒介的连接搭建全球校友网络，并成立专门的企业家俱乐部，供有创业意愿或已经创业成功的学生进行线上实时交

① 杜剑涛．法国 Ecole 42 数字化人才培养模式［J］．开放教育研究，2024（2）：23-30.

流。① 这些活动让学生了解全球数字化发展的最新动态，并为他们搭建了与全球同行交流的平台。

2.3　新加坡高等教育的数据评价

新加坡的高等教育是在继承英国教育的传统和创新的基础上形成的，具备顶尖的学术和业界评价、雄厚的师资和先进的教学设施、丰富的学术资源和安全稳定的多元文化。新加坡国立大学（NUS）和南洋理工大学（NTU）并称“双子星”，是新加坡高等教育的重要代表，常年名列 QS 世界大学排行榜前 20 名，前者在工程、科学、医学等多领域实力强劲；后者的理工科和商科专业突出，纳米材料、人工智能等研究位居世界前列。新加坡政府充分认识到信息技术及人才对社会发展的重要作用，积极策划并大力实施了多项教育数字化发展转型的战略举措。

2.3.1　教育数字化转型的引领者

新加坡政府重视信息通信基础设施建设，于 2006 年发起“无线@新加坡”（Wireless @ SG）计划，确保公众能在多数公共场所免费享受无线宽带服务。同时，政府从 1997 年开始已经相继发布了四个版本的《教育信息通信技术总体规划》（*ICT-in-Education Master Plan*），并在 2019 年更改规划名称为《教育技术计划》（*Educational Technology Plan*），深刻体现了其能迅

① 杜剑涛．数字化何以支撑技能型人才的自主学习？——源自法国 Ecole 42 学校的范例［J］．中国职业技术教育，2023（36）：27-35，44.

速适应信息技术的迅猛发展与对教育数字化转型的重视。在《教育技术计划》的战略引领下，新加坡教育部协同高校、中小学校、教育专家、科技企业等组成数字化发展共同体，设计开发多种教育数字化应用平台①。

2.3.1.1 教师对学生的学习实行信息化管理

在传统的教学实践中，教师在一定程度上是学校教育活动的把关人，往往作为知识的传授者、思维的启迪者、成果的检验者，通过系统讲授、深度演绎、精心构筑知识框架，巧妙激发思维火花，并严格科学评估学习成果，为学生的全面发展奠定坚实基础。在大数据引领教育革新之际，教师除了固有的知识传授者的角色以外，还新增了一重学习数据分析师的角色，即需要从教育数据中洞悉学生的需求，进而优化教学内容，引领教育创新，塑造智慧教育的新未来。

新加坡利用大数据的优势，依据信息技术推动教育个性化发展的趋势，变革单向灌输的教学范式，推行差异化教学，充分挖掘学生的学习潜能。新加坡教育部推广“教育电子簿”计划，把教师和学生拥有的部分信息数据放在指定的网络位置上，包括课程设置、试题资料、学习成绩等，以便教师分析管理以及学生针对性学习。②

这一举措不仅提高了教学效率，还能够促进教育资源的优化配置，标志着新加坡在智慧教育领域作出的重要尝试。这一措施在显著提升教学成效的同时，帮助合理调配教育资源，体现了新加坡在推进智慧教育方面的

---

① 康诚轩，李保忠. 三螺旋理论视域下新加坡教育数字化转型研究［J］. 中国教育信息化，2024（9）：82-96.

② 闵琳芝，李明珠. 新加坡大数据变革经验对我国教育变革的启示［J］. 湖北社会科学，2018（7）：173-178.

重要尝试。

2.3.1.2 构建个性化网络学习空间

随着科技的飞速发展，在全新的数字时代背景下，教育者的使命愈发重大。教师不仅要做好知识讲授的工作，更要构建新型的教育方式，在快速变化的网络世界中精准把握学生的学习状态和需求，用数据驱动教学决策。通过这一措施，完善学生的能力结构，使他们能够应对复杂的数字环境，从而转变为兼具敏锐识别力、良好自控力及高度责任感的新型数字人才。

一方面，新加坡教育部着手打造了个性化网络学习空间。在这个空间中，不仅凭借数据分析技术追踪、挖掘并评估学生的学习进展，还借助网络平台促进教师、家长与学生间的有效交流；并且不仅局限于学习数据的追踪分析，还延伸到学生日常生活的细微层面。另一方面，新加坡教育部建立了 e-MCS 电子餐券系统（e-Meal Coupon System）和 ESSMS 增强的学校商店管理系统（Enhanced School Store Management System），帮助学校实时观测学生消费指数，成立最佳实践案例库。①

2.3.2 构建数据共享平台

在全球化的数字浪潮席卷下，数据已然成为推动各行各业创新发展不可或缺的资源。在高等教育探索数字化转型的实践中，科学研究在历经经验科学范式、理论科学范式与计算科学范式后，已进入数据密集型科学范

① 闵琳芝，李明珠．新加坡大数据变革经验对我国教育变革的启示［J］．湖北社会科学，2018（7）：173-178.

式，即通过数据驱动科学研究。① 然而，数据孤岛现象越发普遍、信息壁垒问题日益凸显，极大制约了数据价值的深度发挥。面对这些挑战，如何打破这些障碍，充分挖掘数据的潜力，促进数据在不同系统、不同平台之间的高效共享与充分利用是必须面对和解决的课题。

在亚洲地区的高等教育机构数据管理工作中，新加坡高校在科学数据管理领域处于领先地位，它们通过建立一套完善的现代科学数据管理实践体系，有效推动了科学数据在高校内部的充分共享与高效利用。其中，新加坡国立大学（National University of Singapore，NUS）、南洋理工大学（Nanyang Technological University，NTU）和新加坡管理大学（Singapore Management University，SMU）建有完整的科学数据管理实践体系②，从而依托大数据这一信息技术创新成果，为新一轮科学研究的突破性发展提供核心支撑，助推前沿科研探索。

2. 3. 2. 1　新加坡高校科学数据的管理模式

图书馆是新加坡高校科学数据管理的主要负责组织。NUS、NTU 和 SMU 图书馆共同开发科学数据管理指南，用于支持研究人员管理研究中产生的科学数据，或分享科学数据③。

新加坡高校图书馆建有专门办公室负责科学数据管理，NTU 由图书馆中的信息、知识和图书馆服务办公室（Office of Information，Knowledge &

① 徐敏，李广建．第四范式视角下情报研究的展望［J］．情报理论与实践，2017（2）：7-11.

② 付少雄，陈晓宇，赵海平，赵安琪．新加坡高校的科学数据管理实践体系［J］．图书馆论坛，2019（2）：141-148.

③ Library of Singapore Management University Research Data Management About Research Data Management［EB/OL］．［2025-01-20］．http：//research guides. smu. edu. sg/dmg.

Library Services）负责，NUS 和 SMU 由图书馆中的知识库管理部门负责，主要维护研究数据库开放式访问，负责整个科学数据生命周期管理、科学数据管理计划编写、科学数据管理最佳实践评选。高校拥有数据的所有权，包括数据保留、处理、存储和共享的权利。在数据保留上，要求所有研究数据必须在规定期限内保留在高校的设备或数据库中，且高校有责任保护生命周期内数据的完整性；在数据处理上，数据的修改、转移或销毁需由高校与首席研究员（Principal Investigators，PI）共同决议；在数据存储上，最终研究数据必须在文章发表之前存储于高校数据仓或公认的开放获取数据存储库中；在数据共享上，除非有特殊协议，否则来自高校的最终研究数据将用于非商业目的的共享。同时，三所高校图书馆皆建有完备的科学数据管理服务实践体系，涵盖科学数据管理介绍与指南、科学数据管理参考咨询、科学数据存储、科学数据获取与共享。①

2.3.2.2 新加坡高校科学数据的管理政策

科学数据作为科研实践生成的资源集合，涵盖范围广泛且类型多样，其复杂与琐碎的特点导致数据全周期的治理面临系统挑战，构建起完备的科学数据管理政策是支持其推动发展的制度性支撑。

新加坡高校的科学数据管理政策明确了科学数据管理的核心原则、应用范畴及实施策略，旨在引导科研人员妥善管理和公开分享研究数据，保障数据管理的系统性、全面性，以及数据的完备性、长期可访问性和公开性；且政策适用范围广泛，包括大学教职员工、研究人员、在校学生，以及顾问、访问学者等所有参与学校科研项目的人员。②

---

①② 付少雄，陈晓宇，赵海平，赵安琪．新加坡高校的科学数据管理实践体系［J］．图书馆论坛，2019（2）：141-148.

实施策略的内容主要包括科学数据管理范围、计划及标准。第一，科学数据管理范围（Scientific Data Management Scope）包括研究数据（Research Data）、最终研究数据（Final Research Data）、元数据（Metadata）三种类型，对数据的类型、定义和所有权作出规定。第二，科学数据管理标准（Scientific Data Management Standard）要求构建高质量的数据库检索、记录和共享标准。① 第三，科学数据管理计划（Scientific Data Management Plan，SDMP）记录项目产生的数据如何管理、使用以及共享的意图，每个新项目开始时，都必须通过科研信息管理系统提交数据管理计划，所有与项目有关的数据，在出版或者项目完成后必须至少保留 10 年的时间。②

2.3.2.3 新加坡高校科学数据的管理平台

新加坡三所主要公立大学 NUS、SMU、NTU 都建有科学数据管理平台，分别为 Scholar Bank@ NUS、InK@ SMU 以及 DR。Scholar Bank@ NUS 除了提供数据管理、数据保存、数据发布、数据共享、数据检索利用等常规服务外，自 2017 年 11 月起，所有校内成员的数据均需在该平台上存储，并且不能把校内数据共享或者带走。

InK@ SMU 的服务包括数据检索、数据管理计划、数据可视化分析、数据出版和引用、数据安全维护等。数据检索界面提供数据管理指南，可按数据小组、数据所属学科、数据类型、数据提供者，以及字母顺序（A-Z）进行检索。同时还将数据按照公司数据、国家数据、人口统计数据、经济

① 付少雄，陈晓宇，赵海平，赵安琪．新加坡高校的科学数据管理实践体系［J］．图书馆论坛，2019（2）：141-148.

② 王丹丹．新加坡南洋理工大学科研数据管理服务的实施与思考［J］．大学图书馆学报，2019（2）：67-74.

数据、财务数据、行业数据、营销数据与用户数据进行分类。

NTU 的数据管理平台 DRNTU（Data）基于 Dataverse 开发，Dataverse 通过数据管理计划、数据导入、数据处理、数据发现、数据保存与访问构成完整的数据管理闭环。Dataverse 能够用于共享、保存、引用和分析数据，有助于数据的共享与进一步利用①。研究人员、数据作者、出版商、数据分销商，以及研究机构等均可通过 Dataverse 共享与利用数据，从而获得学术信用和网络知名度。

2.3.3 以南洋理工大学为例的智慧教育

南洋理工大学是新加坡一所世界顶尖的综合性和科研密集型大学。在 2024 年 6 月发布的 QS 世界大学排名（WUR）中，南洋理工大学排名第 15 位。统计显示，2024 年南洋理工大学有 2.48 万名本科生、9171 名研究生以及 7997 名教职工。② 2008 年，美国公司 IBM 首次提出“智慧地球”（Smarter Planet）概念③。此后，在教育数字化转型浪潮的推动下，充分利用人工智能技术建设智慧学习环境、赋能教育教学变革、打造智慧教育生态、提高教育质量和促进教育公平，日益成为各国关注的重点。④

在智慧校园的愿景下，南洋理工大学组建了蓝丝带委员会（Blue

① Harvard University. Introducing the Expanding Dataverse [EB/OL]. [2025-01-22]. http://data science iq. harvard. edu/presentations/introducing-expanding-dataverse.

② Nanyang Technological University About Us Facts & Figures Our University Rankings [EB/OL]. [2025-01-23]. https://www. ntu. edu. sg/about-us/facts-figures/university-rankings.

③ 祝智庭，贺斌．智慧教育：教育信息化的新境界［J］．电化教育研究，2012（12）：7-15.

④ 杨俊锋，朱浩田，李世瑾，庄榕霞，刘梦彧，李至晟．智慧教育的国际共识、发展现状与包容公平——《数字转型视野下智慧教育的国际理解》研究报告解读［J］．现代教育技术，2024（11）：47-57.

Ribbon Commission，BRC），该委员会下设五个专项小组，分别聚焦于学术文化建设、教学卓越提升、新课程研发、学生生活优化及未来教室信息化推进。此外，在探索由教到学转变的路径中，学校还成立了学习研究与发展中心，该中心运用大数据分析技术，实现对学生学习进程与状态数据的采集与分析。

2.3.3.1 学习生理过程数据采集系统

人的生理信息在多个领域都具有重要价值，学习不仅是大脑对知识的接收、处理过程，还包括身体其他部分的参与调节，是身心不断全面发散的全过程。在学习过程中采集生理数据，能够揭示学生认知负荷、学习效率、情绪、注意力等信息，帮助教师对学生的学习状态和学习需求有更多、更全面的了解，及时调整教学难度和节奏，给予更加个性化的教学支持和干预。

南洋理工大学（NTU）学习研究中心建立了相应的学习过程生理信息采集系统，对学生学习过程进行更深入客观的观察。比如在学生阅读文献的过程中，通过记录学生阅读过程中眼睛的运动轨迹，与文献语义句段间的关系进行比较研究，衡量学生阅读能力、逻辑思维能力、分析思辨能力等。①

南洋理工大学将生理信息采集技术引入教学研究的实践展现出这一措施在提升教学的科学性和有效性方面的巨大潜力，其不仅为深入观察学生的学习状态提供了可能，也为优化教学资源配置、实施教育创新开辟了新路径，是数据驱动教学的重要范例。

---

① 吴金栋．新加坡高校智慧教育发展路径研究及启示——以南洋理工大学为例［J］．大学教育，2020（10）：1-4.

2.3.3.2 学习辅助支持系统

学习辅助在提升学习效果中扮演着至关重要的角色。在面对复杂知识或技能时，适时的学习辅助能够成为学生的坚实后盾，通过提供个性化的指导、资源和工具，在帮助学生解决学习过程中难题的同时激发他们的学习兴趣、增强自信心。

南洋理工大学（NTU）学习研究中心建设了学习辅助支持系统，其功能亮点在于以数据驱动为核心，通过整合多维度信息实现精准干预。该系统及时将存在阅读困难、逻辑分析判断困难的学生信息及时传递给相关学科教师，要求教师在规定时间内给予学生学习指导，保障学生的学习过程能够顺利推进并与其他课程形成良好衔接。①

一方面，南洋理工大学的这一做法将问题反馈节点从传统的结果导向前移至学习过程，通过动态监控有效避免学生因知识断层而陷入长期的学习困境；另一方面，通过这一系统，弱势学生不再依赖主动求助即可获得支持，在一定程度上消解了传统教育中的师生比不足，体现了技术对教育普惠的促进作用。同时教师也可以通过可视化学习轨迹与智能预警，将“一刀切”教学模式转型为精细化分层教学。

2.3.3.3 学习资源与教学信息管理平台建设

早在2010年，南洋理工大学就开始推行翻转课堂的变革，并引入了大数据学习分析技术支持翻转学习。随着翻转课堂的持续深入实践，南洋理工大学不仅构建了全面的学习资源体系，还开发了相应的管理系统以支撑和优化这一教学模式。

① 吴金栋．新加坡高校智慧教育发展路径研究及启示——以南洋理工大学为例［J］．大学教育，2020（10）：10.

南洋理工大学重点围绕基础课程和理论课程开展名师教学资源建设，为学生提供全天候的教学服务，学生可以不限次、不限时、不限地浏览学习资源，根据自身的学习习惯和方式安排学习过程和进度。与此同时，南洋理工大学自主开发了学习管理系统，一方面进行学习资源的共享，另一方面通过信息系统记录学生学习的单次学习时长、学习时间段、课程间学习时长差别性等过程要素。通过积累学生学习大数据，为分析学生的学习过程和学习行为提供依据，保证为学生提出的学习建议和提供的学习辅导具有可行性和针对性。①

这些举措进一步保证学生能够在课前充分利用资源进行自主学习，在课堂上则更多地参与讨论和实践活动，极大提升了学习灵活性与教学互动性，从而实现知识的深度理解和应用。

2.4 世界高校数据评价的特点和趋势

在高度数字化的时代，各行各业不同领域信息的获取、传递、储存、加工都与计算机技术日新月异的发展息息相关。2019 年联合国教科文组织发布了《北京共识——人工智能与教育》的高等教育数字化发展的文件，提出“发掘数据潜能，支持学生综合能力的多维度评价”②。2023 年世界慕课与在线教育联盟秘书处公布的《无限的可能：世界高等教育数字化发展报告》指出，“数字化正在催生学习的革命，智能时代高等教育人才需求

① 吴金栋．新加坡高校智慧教育发展路径研究及启示——以南洋理工大学为例［J］．大学教育，2020（10）：10.

② 联合国教科文组织正式发布国际人工智能与教育大会成果文件《北京共识——人工智能与教育》［EB/OL］．［2025-01-31］．http：//www. moe. gov. cn/jyb_xwfb/gzdt_gzdt/s5987/201908/t20190828_396185. html.

的改变呼唤育人方式的创新”。① 世界高校在推进高等教育的数据评价中已经开始了许多有益的探索、积累了不同的经验，呈现出了一系列特点和趋势。对这些特点和趋势进行归纳总结，能够为通过数据中心的构建实现专业画像的精准绘制提供一定参考。

2.4.1　从数据采集到数据治理的范式升级

高校汇集了顶尖的师资、完善的设施、一流的生源，是全球高端人才培养的主要场所，是推动社会发展的重要阵地，是科研创新与文化传承的前沿力量。随着社会的发展进步，数据在信息技术的不断更新迭代的过程中，对决策的支持价值越发凸显。高校以往对数据满足基本收集和简单存储的要求已无法有效应对育人实践中随之产生的一系列新情况、新需求，转而更注重运用数据对教育进行的智能化分析和预测，经历或即将经历从数据采集到数据治理的范式升级（见图 1）。这种范式升级体现为从“单一数据运用”到“多模态数据融合”，从“被动的数据安全防护”到“主动的数据治理保障”，从“形成性评价”到“前瞻性预测”，以充分发挥数据在高校评价中的价值，助力取得更好的育人成效。

2.4.1.1　从单一数据运用到多模态数据融合

在数据采集的范式中，世界各高校还停留在主要依托于传统的问卷调查软件、基础的数据库管理系统等功能相对单一的信息工具，来满足教学与管理中基本需求的阶段，在数据的筛选、转换、整合等后续环节缺乏有

① 世界高等教育数字化发展报告课题组，王烽，王繁．无限的可能——世界高等教育数字化发展报告（2023）［J］．中国高等教育，2024（z1）：13-18.

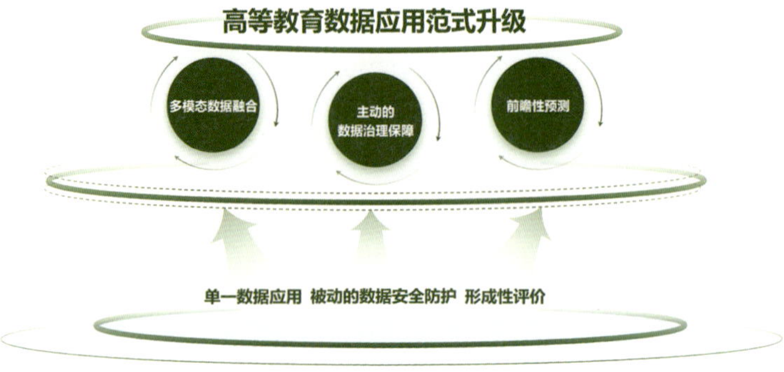

图 1　从数据采集到数据治理的范式升级示意图

效的技术支持。而在数据治理范式层面，通过先进数据治理技术的引入、融合与创新，数据收集的种类、数量、质量以及分析能力将得到进一步提升。

从“静态评价”到“动态评价”，从“结果导向评价”到“过程与结果并重评价”的转型，是多模态数据融合的重要体现与发展趋势。除了教育理念的主观转变外，获取多种数据对进行动态评价的作用同样重要。而数据资源化、数据资产化和数据产品化是实现多种教育数据源融合的三大关键步骤。① 在多种教育数据融合的前提下，教师或教育管理者不再依靠静态单一的数据，一方面，能够实时以可视化的形式获取学生的学习进度、知识掌握情况、生活行为等信息；另一方面，还能通过课堂表现、同伴评价等多种数据源，形成更加立体、全面的学生画像，从而在数据支撑的动态评价框架下，实现对学生发展趋势的捕捉、追踪和分析。

① 熊新惠．教育评价领域的新方法与新趋向［J］．中国考试，2024（10）：81-93.

2.4.1.2　从被动的数据安全防护到主动的数据治理保障

传统与革新的碰撞将带来更多的问题与挑战，必须警惕和防范教育评价数字化转型过程中的认知偏差的理念之困、模糊界限的主体之困、忽视基建的保障之困、偏移人本的伦理之困等各类潜在的风险。①

数据评价关系到调动涉及学生个人隐私的信息，实现教育评价数字化转型必须妥善处理好技术伦理问题。在以往世界高校数据评价的实践中，多依托于防火墙、入侵检测系统（IDS）、数据加密等传统的安全技术和策略，这些措施在一定程度上能够保护数据免受未经授权的访问和泄露，但难以应对新型攻击带来的数据篡改、假冒、泄露、丢失等风险。在人为、制度、技术、环境等内外部多重风险因子的影响下，世界高校探索数据评价呈现出从被动的数据安全防护到主动的数据治理保障的趋势。一方面，降低对技术的片面依赖与偏信，重视教育工作以人为本；另一方面，明确数据使用与管理边界。如澳大利亚昆士兰大学通过建立清晰的数据治理架构、明确数据管理部门、加强数据安全和隐私保护、完善数据质量管理和监控以及推动数据共享和合作等措施，建立了完善的数据责任机制。②

2.4.1.3　从“形成性评价”到“前瞻性预测”

在数字化转型浪潮下，高校教育数据评价体系正经历从“形成性评价”到“前瞻性预测”的认知升维。传统形成性评价通过实时采集课堂

① 吴龙凯，宋琰玉，赵笃庆等．教育评价数字化转型的价值意蕴、现实隐忧与实践进路［J］．中国考试，2024（11）：30-37.

② 全球高校：数据治理政策新蓝图［EB/OL］．［2025-02-01］．https：//dag.ahmu.edu.cn/2024/1127/c6796a168817/page.htm.

互动、作业完成度、测验成绩等多维数据，构建动态学习画像，使教师能够及时识别学生的知识盲区并调整教学策略。随着学习分析技术的突破，高校教育数据评价开始突破“当下诊断”的局限，向“未来干预”延伸。

这种前瞻性预测在世界高校数据评价的实际运用中基于决策树算法、贝叶斯算法、回归分析以及联机分析处理（Online Analytical Processing，OLAP）等技术与方法，分析电子教材标注频率、在线讨论参与深度等学生在线教育平台数据、图书借阅数据、消费数据、成绩数据、上网数据等，预测其未来的学习表现与发展瓶颈。如荷兰的 Plak S. 等探讨辍学和学业成绩的关系，开发了与学生辅导员分享特定学生风险信息的 EWS 系统，并准确预测了高风险学生①；2014 年，纽约市立大学曼哈顿社区学院的 Hachey AC 等采用二元逻辑回归算法，分析学生课程笔记与学业成绩之间的关系，得出对于没有在线课程经验的学生，GPA 可以很好地预测未来的在线课程结果②。

2.4.2 兼具国际化视角和校本化特色

随着数据技术的进步，数据评价逐步成为全球高等教育院校的评价趋势。这一做法强调利用先进技术，对学生的学习成效、教学资源分配、课

① Plak S.，Cornelisz I.，Meeter M.，et al. Early Warning Systems for More Effective Student Counselling in Higher Education: Evidence from a Dutch Field Experiment ［J］. Higher Education Quarterly，2022，76（1）：131-152.

② Hachey AC，Wladis CW，Conway KM. Do Prior Online Course Outcomes Provide More Information than G. P. A. Alone in Predicting Subsequent Online Course Grades and Retention? An Observational Study at an Urban Community College ［J］. Computers & Education，2014（72）：59-67.

程质量等多维度进行精准量化分析，不仅代表了技术进步在教育领域的广泛应用，更预示着全球高等教育正迈向以数据为驱动力的时代。在这种不可逆转的浪潮下，全球高校创造并建立校本化落地实践，来推动教育资源的优化配置与个性化教学的发展。虽然数据评价都是以大数据、人工智能等技术为共同的应用基础，但不同国家和地区的高校正根据自身的教育政策、学生背景及社会需求，从校本化的角度进行数据评价模型指标和权重的动态调整。在此过程中，呈现出国际先进评价指标体系的借鉴与本校特色指标的融合、国际数据评价技术方法的引入与本校数据特点的适配、国际数据评价合作项目的参与和本校数据资源的共享的特点。

2.4.2.1 国际先进评价指标体系的借鉴与本校特色指标的融合

全球教育评价体系在数字化的驱动下不断加速重构，国际先进评价指标体系通常从教学质量、科研产出、学生满意度等多个维度依托人工智能技术强调动态追踪的评价框架，以其全面性、科学性和可操作性强等特点成为可供借鉴的可靠范例。世界不同高校在长期发展的过程中，在校本特有价值基因的影响下，形成了独特的校园文化、学科优势和人才培养模式等，在借鉴数据评价的国际经验时，重视以校本化的发展需求与人才培养目标为参考进行创造性转化。

这种借鉴国际先进评价指标体系，与本校特色指标进行有机融合的方式将成为推动教育创新、引领教育发展的强劲动力，在对标国际指标的同时又能形成本土教育生态新的价值生长点。面向未来，随着教育技术的发展和国际交流的进一步扩大，这种趋势将更加明显。因此，在进行数据评价时，研究型高校可以重点加入学科前沿的成果，应用型高校则可以量化专业建设与产业动态需求的匹配度，准确反映本校教育特色和优势，形成一校一案的特色数据评价模式。

2.4.2.2 国际数据评价技术方法的引入与本校数据特点的适配

随着教育领域对数据评价技术方法的关注与需求日益增加，国际高校与企业已经探索出一些如数据挖掘、机器学习等的先进技术方法，这些方法在处理数据、分析模型构建等方面具有较高的科学性和有效性，能够对大量教育数据进行深入分析，挖掘出有价值的信息，为教育决策提供有力支持。如美国 Instructure 公司 2011 年开发的现代化的开源学习管理系统——Canvas 学习管理系统（Canvas LMS），就具有数据可靠、功能强大、使用方便的特点。这使该系统不仅成为美国本土斯坦福大学、麻省理工学院、哥伦比亚大学等高校的主要在线学习平台，还为新加坡国立大学等超过 7000 所高校和国际学校提供管理支持，中国也有超过 20 所高校上线了 Canvas 平台。

与此同时，本校数据特有的多样性、复杂性与敏感性又要求高校在数据评价中严格实现保密性与安全性：一方面，要设立严格的数据管理制度来维护安全性；另一方面，要根据本校数据特点，选择适合的机器学习算法，设置合理的评价指标权重，对评价模型进行调整和优化。如在考试数据的基础上，尼泊尔就加入了行政数据以更好地了解学校的表现。①

2.4.2.3 国际数据评价合作项目的参与和本校数据资源的共享

国际数据评价合作项目汇聚了世界的优质数据教育资源。一方面，在数据驱动的研究范式下，不同高校能在参与和交流中汲取宝贵经验和前沿技术，促进自身教育教学质量、管理水平的提高；另一方面，在与全球不

① How Can Data Be Used to Improve Teaching and Learning? [EB/OL]. (2025-01-31) [2025-02-02]. https://www.globalpartnership.org/blog/how-can-data-be-used-improve-teaching-and-learning.

同类型高校的合作中，也能展示自身在数据收集、处理与分析方面的研究成果和具体做法，进而提高本校在国际教育领域中的知名度和影响力。如2024年6月4—5日，在美国华盛顿特区举办的QS教育数据峰会（QS EduData Summit），来自全球的数据驱动教育工作者、平台战略家、数据科学家、首席信息官和其他数据专家聚集在一起，分享了大数据、预测分析、学习分析和教育交叉领域的实践。

在保证合法性、安全性和隐私性的前提下，不同高校积极进行数据资源共享与利用，不仅搭建了一个跨国界的学术交流平台，还促进了数据科学与技术的国际合作与发展。通过数据共享，不同国家和地区高校的科研团队可以联合攻关数据评价的有关课题，推动教育数字化转型相关技术的创新与应用，共同探索数据评价的前沿领域。

2.4.3 精准化评价的驱动与发展

随着信息技术的不断发展和教育政策的持续推动，精准化评价在教育领域中发挥了越来越重要的作用。精准化评价以大数据为依托，通过收集、分析与整理数据，得到具有科学性、多维性、指导性的评价结果，对推动教育评价体系的持续完善与优化起到了关键作用，为高效培养人才提供了坚实的支撑。

当前，世界高校聚焦于教育目标，教育评价日益精准，这主要体现在教育结果评价摒弃了传统的“一刀切”模式，转而采用更为多元立体的评价方式；教育能力评价紧跟时代步伐，更加重视数据素养与能力的提升；教育认证评价也不再拘泥于传统的证书认证形式，数字徽章和微证书正逐渐成为新兴的认证趋势。

2.4.3.1 评价方面，改变一刀切转向多元化

随着数字化时代的深入和人们认识的多元化，教育评价改变了传统的“一刀切”模式，逐渐向多元化方向转变，许多高校通过对多个维度数据的综合分析，得到更加客观、公正的教育评价结果。

从对学生的教育评价来看，世界高校日益倾向于更加重视评价学生的综合素质。由“唯分数”等简单的单一量化标准，转为“德智体美劳”多维评价，使教育评价不再局限于量化标准，而是更加注重学生的综合应用能力。如新西兰《战略（2022）》明确表示要培养跨越文化和国界学习、工作和生活，与国际接轨的全球公民。美国课程设计中心（CCR）推出“四维教育”，即知识、技能、品格和元学习维度，经过缜密的计算，四种维度被赋予了新的比重与内涵。

从对学校的教育评价来看，世界高校的评价指标逐渐多元化。以日本为例，日本现在采用的是在自我评估的基础上，以第三方评估作为主要标准的多元化高校评估体系。这个评估体系建立在对日本各类院校独特性深入分析的基础之上，全面涵盖了办学理念、教学活动、科研水平、管理机制及运营状况等多个维度，并通过设定一定比例进行综合计算，最终得出评估结果。

2.4.3.2 能力方面，重视数据素养与能力提升

数字化、智能化时代对人们的数据素养及其能力提出了更高的要求。当前世界各主要国家充分利用信息化、数字化等技术手段，营造数字环境氛围，着力提升受教育者的数据素养和能力。韩国教育部在其公布的《修订教育课程（2022）》方案中，着重指出了信息素养与信息教育的重要性，此外，韩国还提出要从2025年开始把人工智能（AI）教科书引

入中小学课堂。

数据素养和能力的提升需要多平台的共同托举，而其中高校作为人才培养的重要基地，承担着提升学生数据素养和能力的重任。高校对于学生数据素养的培养不仅仅局限在简单的课程理论教学上，除了传统的信息素质课程培养外，更是将对数据素养与能力的提升融合到实践中，让学生在实际操作中得到提升。以美国开展的全面培养数字化时代人才的 STEM 教育为例，美国峡谷市州立大学教育学院内设有一个专门机构——大平原 STEM 教育中心，其官方网站对 STEM 教育进行了详尽阐述。其中一项明确指出，在面对全球重大挑战时，学生们会运用所学的数学与科学知识，通过创造、设计、构建、探索、协作以及解决问题的过程，积极寻找应对之策。

2.4.3.3 认证方面，数字徽章和微证书成为变革方向

随着数字化时代的深入发展，数字徽章和微证书以其独特的优势正在逐步改变传统的认证方式，为学习者提供了更为便捷、高效和多样化的认证途径。数字徽章与微证书作为一种认证教育形式，其学时相对简短，且不受课程类别及学习模式的约束，具有学习单元小、时间成本低的优势，给人们提供了更为便捷的学习途径。

在微证书认证模式下，人们可以根据自己的需求选择不同的学习内容。当学习者在网络平台完成任务后，微证书项目将向其颁发数字化的教育资格认证，并与学习者的信息相绑定。在爱尔兰，国家允许学分微证书叠加换取“大证书”；而在新西兰，高等教育委员会已推行微证书公共资金资助项目，国内的高等教育机构均可申请以获得资金支持，进而优化微证书课程的建设。

3. 实践篇

3.1 武汉大学专业画像出台的背景和工作时间表

武汉大学自主研发并部署了“AI+”专业图谱，融合了人工智能、大数据、云计算以及教育大模型等前沿技术，并借助神经网络和自然语言处理技术，实现了对专业发展的全景式描绘，构建了知识图谱、能力图谱、素质图谱的多元智慧画像体系矩阵图，全面汇聚并整合了专业发展的基本信息、核心课程设置、师资力量、教学资源以及毕业生就业情况等多维度数据，生成了精准的专业画像（见图2）。这一创新举措为学校的专业建设提供了坚实的数据支撑，筑牢了专业体系的底层根基，同时也为教育决策和专业优化提供了科学依据。

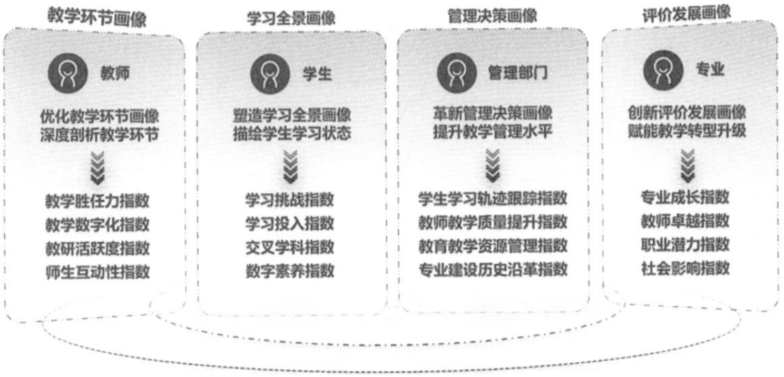

图2 教·学·管·评画像体系结构展示图

专业画像系统整合了人才培养方案中的六个层级管理过程数据，包括培养目标层、毕业要求层、毕业指标层、专业目标层、课程目标层和课程实现层。通过分析以专业、知识、能力、问题、思维为主线的海量数据，生成学生学习数智指数、教师教学数智指数和教育教学数智指数。基于这些指数可实现某一专业在学习全景、教学环节、管理决策和评价发展四个方面的数字化呈现，为数智时代的专业调整、专业评估、专业建设提供多维评价，同时也可以为学生挑选符合自身特点的专业提供科学依据。

3.1.1 武汉大学专业画像出台的背景

3.1.1.1 回应国家战略与教育政策的顶层要求

党的二十大报告提出“要坚持教育优先发展、科技自立自强、人才引领驱动，加快建设教育强国、科技强国、人才强国，坚持为党育人、为国育才，全面提高人才自主培养质量”的重要论断，确定了高等教育进一步发展的方向。在此背景下，《教育强国建设规划纲要（2024—2035年）》等一系列文件进一步明确了加快教育现代化、建设教育强国、优化高等教育学科专业结构、推动高等教育高质量发展的要求。

武汉大学作为国内“双一流”高校，肩负着为党育人、为国育才的光荣使命。专业画像正是学校深入贯彻落实文件精神、锚定“教育强国”建设目标，回应国家发展战略需求、紧密对接国家数字经济、科技创新及产业升级等战略需求而出台的重要举措。它既有助于武汉大学紧紧围绕国家未来社会发展需要，培养具有国际竞争力、数智素养、创新能力和适应未来发展的复合型拔尖创新人才，也有力支撑着国家数字经济、科技创新和产业升级等战略需求。

3.1.1.2 适应数智化时代的人才需求转型

当今时代，全球经济正在经历数字化转型，数字经济、人工智能、大数据、新能源等新兴产业如火如荼，急需新型专业人才。而当下的传统产业转型升级同样需要人才借助大数据、人工智能等数智技术等进行产业优化改造，这也对人才的综合素质、创新能力均提出了新的要求。武汉大学作为人才培养的重要基地，坚持紧跟社会经济发展、把握人才市场需求，提升毕业生的就业竞争力，为推进经济社会高质量发展贡献力量。

专业画像出台的动力来源之一是学校对人才市场动态需求的精准把握，通过对专业进行动态监测和评估，及时调整专业方向、修正课程内容，使人才培养与社会经济发展、人才市场需求紧密结合。学校通过修订人才培养方案、优化专业结构、聚焦科技前沿和国家关键领域，有序撤销不适应时代发展的专业，同时以集群式试验班为相关领域集中培养一流人才。2025年，武汉大学新增“数据科学”“数字经济”“机器人技术”三个硕士专业学位类别，依托数智专业实践基地，重点培育富有专业性、跨学科性、应用性的数智人才以满足国家和行业需要。

3.1.1.3 教育数字化转型与技术创新的推动

武汉大学专业画像的出台，一方面得益于教育数字化转型和技术创新的强力驱动；另一方面，大数据、人工智能、云计算等新技术在教育领域的广泛应用和教育数字化转型的持续深入，提供了专业刻画的技术手段和方法。武汉大学主动推进教育数字化转型，自主研发并部署了集多媒体信息采集和智能系统技术于一体的“AI+”专业图谱，运用前沿技术进行专业发展的全面覆盖，刻画专业画像。这一创新举措助力教学成效、学生学习成效和师资队伍质量等多维度多层面的科学评价，为学校的专业调整、优化提供了重要依据。

通过系统收集、分析、挖掘大量的教育数据，使学校更加详细、客观地掌握专业教学、学生学习、师资队伍、特色优势和人才培养效果等方面的基本情况，进而明确专业特色定位、优化建设路径及调整方向，制定更加科学的专业建设方案，实现专业建设的有效迭代。同时，对专业优化进行系统性的改革与协调，例如，新增专业主要聚焦前沿重点领域，而传统学科则通过整合课程、优化产业学院和校企合作形成专业升级。在此基础上，学校还配套改革教学运行、转专业政策、本研衔接机制等，有力推动教育评价由经验型评价转为数据分析判断。

3.1.2　武汉大学专业画像出台的工作时间表

3.1.2.1　2015 年至 2019 年，推进教育信息化，珞珈在线顺势而生

国内高校积极落实教育部在高等教育信息化上的重大决策，大力推崇“互联网+教育”理念。在此阶段，武汉大学开始探索“互联网+教育”模式，创建了 MOOC（大规模开放在线课程）与 SPOC（小规模限制性在线课程）相结合的平台——珞珈在线，它以 MOOC 丰富课程建设，以 SPOC 强化针对性学习，使学生可以通过在线学习获得丰富的学习资源，并进行个性化的自主学习。珞珈在线平台不仅吸引了大量国内外学习者，同时也融合课程建设、教学互动、学习空间、教学管理评估等功能于一体，在虚拟空间架起师生无缝对接的桥梁，为教学管理、教学成效指标科学化提供量化依据。珞珈在线平台的出现极大地提高了学校教学质量和教育信息化水平，有利于全面推进高等教育现代化。

3.1.2.2　2019年年底至2020年年初，对珞珈在线平台进行性能优化

突如其来的新冠肺炎疫情严重冲击了整个世界传统的教育模式。面对这一困境，武汉大学迅速采取行动。珞珈在线平台充分利用人工智能技术升级硬件投入并持续优化，极大地提高了平台的高负载能力。同时，高效研发出虚拟教室系统，全校2607名教师能够顺利地在珞珈在线平台建班，为线上教学管理与监督奠定基础。在疫情期间，在平台上开设了8234门课程，覆盖了广泛的学科领域，保证了全校83897名学生能在珞珈在线平台进行课程学习和互动。同时，考虑到疫情期间的复杂情况，珞珈在线平台还推出了弹性学习计划，教师和学生可以按照自身实际情况调整学习进度与节奏，受到了师生的普遍好评。

3.1.2.3　2020年至2023年，引入珞珈在线平台的二期项目

随着国家加强高质量教育体系建设一系列决策部署的出台，珞珈在线平台开始进入一个新的发展时期。在这一阶段，武汉大学致力于打造适应新时代混合式教学需要的教学平台，珞珈在线平台的二期项目正式启动。以“课堂中心”“教育数字化”理念为指导，珞珈在线平台以便利实用、快速高效为建设关键，进而在新的发展背景下推进线上线下一体化教学，实现了无论在实体教室还是虚拟空间都能促成融会贯通的衔接教学。此外，大数据分析管理端的引入使得通过实时数据抓取功能生成课堂教学报告和数据分析视图成为可能，并为管理者提供基于科学的决策支持。在这一新阶段，珞珈在线平台助力教学活动数字化、教学方式智能化，使教学效率大幅提升。通过数据驱动的管理机制促进教育公平和质量提升，使得构建

高质量教育体系的基础更加夯实。

3.1.2.4 2024年，打造珞珈在线AI智慧教学中心

随着数字化浪潮对知识生产的关键环节产生进一步影响，武汉大学率先提出构建数智教育理论体系，紧跟国家“拔尖创新人才培养行动计划”步伐，积极响应2024年人才培养战略。在致力于加速培养一批具有国际竞争力的高素质拔尖创新人才、为国家创新驱动发展战略落地落实贡献力量的同时积极拥抱人工智能与大数据技术，开拓珞珈在线平台可持续发展道路。在“顶层设计、统筹规划、分类培养、稳步推进”的总体方针下，武汉大学于2024年4月发布了《武汉大学数智教育支撑体系建设指南》；同时充分发动“深度融合AI技术、推动教育模式变革、培养未来型人才”的强力引擎，打造了覆盖多学科、具有独立特色的珞珈在线AI智慧教学中心，标志着武汉大学在教育与科技融合领域取得了重要成果。珞珈在线AI智慧教学中心见图3。

访问地址：https：//aicenter. whu. edu. cn。

在此基础上，武汉大学基于数智教育理念，积极推进理论创新、科技创新和实践创新，推出了包括《武汉大学数智教育白皮书（数智人才培养篇）》在内的“1+5”“武汉大学数智教育丛书”（见图4），并研发部署了“AI+”专业图谱。通过构建“六层级、五主线、四画像、三图谱、二达成和一中心”的整体架构，构建“人才培养要求-每门课-每个知识点”的可视化观测脉络，完成“教、学、管、评”全链路的贯通，实现目标达成循迹、可证、有效、精准，开创武大模式的拔尖创新人才培养。

图 3 珞珈在线 AI 智慧教学中心

图 4 “1+5”武汉大学数智教育丛书

3.2 武汉大学专业画像四个维度的介绍

在数字时代，数据技术在教育领域的应用日渐广泛且日趋深入，数据在教育领域的重要性日益凸显。从学生的学习过程数字化记录到教学资源的分配管理，从教育质量的评估到教育决策的制定，数据技术的应用无处不在，深刻地影响着教育的各个环节和层面，对教育领域的发展产生了持续且深远的影响，为教育行业带来了前所未有的机遇和变革。从数据技术应用的积极意义看，数据技术的应用，不仅深刻改变了教育的方式和方法，还为教育质量的提升和个性化学习提供了新的可能性，有助于帮助教师优化教学方法和策略，改进教育质量的评估，推动教育资源的优化配置。

在这一时代背景下，本项目基于多维度的数据，利用数据技术的可视化分析和立体化呈现功能，构建起能够科学描述和呈现武汉大学各个专业情况的专业画像。这一画像由教学环节画像、学习全景画像、管理决策画像和评价发展画像四个画像组成。专业画像的构建有助于以直观的视觉形式呈现出反映武汉大学各专业情况的数据信息，更全面、更丰富地揭示武汉大学各专业情况的数据信息的特征和关系。通过这四个画像，我们可以在智慧珞珈中直接了解到该专业教师的教学情况、学生的学习情况、管理部门提供的管理保障水平以及专业本身的发展情况。

3.2.1 教学环节画像：数字化呈现该专业教师的教学情况

教学环节画像旨在应用数据技术，全面、深入地描绘该专业教师的教学情况。教学环节是涵盖教师备课、课堂教学、学生学习、教学评价等一系列完整的教学活动流程。通过将数据技术应用于教学活动过程中，收集教师教学过程中的各类数据，建构教学环节画像，能够可视化展现该专业教师教学的总体情况。与传统的教学评估方式相比，教学环节画像能够更及时、准确地反映教学中的问题和优势。以往的评估可能依赖于定期的教学检查或学生的期末反馈，存在一定的滞后性和片面性。而数字化系统可以实时跟踪教学数据，帮助教师进行自我评估和反思，促使教师及时采取措施来不断优化自己的教学策略和方法，形成持续改进的教学循环。对于学校管理部门而言，教学环节画像通过对教师教学情况的持续数字化监测和画像分析，能够及时发现教学过程中的潜在问题和风险，并采取有效的预防和纠正措施，确保教学质量的稳定性和可靠性。学校管理者可以利用教师教学情况的数字画像，全面了解每位教师的教学优势和专长领域，更精准地安排教师承担相应的教学任务，有针对性地为教师和学生提供教学资源支持，提高教学资源的利用效率。对于该专业教师而言，教学环节画像展示了他们在教学各个方面的表现和成长轨迹。教师可以通过查看自己的教学成果数据，明确自己在职业发展中的优势和不足，从而制定更加明确、合理的职业发展目标和规划，激励他们不断突破自己的舒适区，追求更高的教学成就。

3.2.2 学习全景画像：数字化呈现该专业学生的学习情况

学习全景画像以该专业的学生为观测主体，通过对该专业学生学习状况的持续数字化监测和画像分析，综合反映该专业学生的学习成绩、学习态度、学习方法、学习兴趣、学习能力等各方面情况和特点。在教师层面，基于对学习全景画像的分析结果，教师可以为每个学生量身定制个性化的学习路径，及时了解学生对教学内容的掌握程度和反馈情况，并根据学习全景画像有针对性地调整教学方法和教学内容，提高该专业学生的学习效果和综合素质。在教学管理层面，学校管理者可以依据关于学生学习情况的学习全景画像，全面了解各专业、各班级学生的学习需求和特点，推动教学资源的精准配置，为学校的课程设置和专业建设提供决策依据，增强教学管理和决策的科学性，确保学校的教育教学活动能够紧密围绕社会需求和学生的发展需求展开，提高学校的教育竞争力和人才培养质量。

在学校专业发展层面，学习全景画像为学校制定教育战略规划提供了全面、深入的数据支撑。通过对不同年级、不同专业学生的长期学习数据进行分析，学校可以了解全校整体的教学质量水平、学生的学习发展趋势以及各专业的优势和劣势，从而为学校的教育发展战略规划（如学科建设规划、师资队伍建设规划、人才培养模式改革等）提供有力的数据依据。

3.2.3 管理决策画像：数字化呈现管理部门的教学管理决策水平

管理决策画像以该专业的管理部门为主体，旨在应用数据技术，通过量化的数据指标和分析，全面、精准地呈现管理部门在教学管理决策方面的实际水平。在精准决策方面，管理决策画像整合专业建设、师资配备、学生培养等数据，清晰呈现管理成效与问题。如通过分析专业课程开设与学生就业对口率，精准判断课程设置的合理性，为优化课程决策提供依据，避免资源错配与决策的盲目性，确保资源投向最需改进与发展的关键领域。在管理效率方面，管理决策画像能够帮助管理保障部门提升管理效率，明确各管理环节效率指标，如教师任务分配合理性、教学设备采购流程时长等，发现低效环节并针对性改进，简化烦琐的程序，优化工作流程，使管理流程更加顺畅高效，提升整体管理效能。在该专业各管理部门的协作方面，管理决策画像展示各部门工作成果与协同情况，增强部门间相互了解，打破壁垒，如教学部门与学生工作部门可依据画像数据协同解决学生学习动力不足问题。促进跨部门合作，提升团队凝聚力与协作能力，同时为教师和学生个人发展提供方向，激励其提升综合素质。

3.2.4 评价发展画像：数字化呈现专业本身的发展情况

评价发展画像聚焦于该专业本身，通过收集、整合与专业相关的多维度数据，并运用数据分析技术和可视化手段，以直观、清晰、量化的方式勾勒出专业的整体轮廓和发展轨迹，对专业在一定时期内的发展状况进行全面、系统、精准的呈现。评价发展画像能够帮助专业建设者和管理者精准地定位专业发展所处的位置和阶段，清晰地识别出专业的优势和特色及存在的问题和短板。在资源有限的情况下，评价发展画像为学校和专业管理部门提供了科学的资源配置依据，为教师改进教学方法、提升教学质量提供了有力的参考，为学生提供了直观的职业参考。从学校角度来看，评价发展画像通过对行业发展趋势、市场需求变化以及专业自身的优势和潜力进行综合分析，使学校可以更加明智地确定专业的重点发展方向。从教师角度来看，评价发展画像中的课程评价数据和专业认证标准要求，也促使教师不断更新教学内容，优化课程设计，加强课程与实际应用的联系，培养学生的综合素养和实践能力。从学生角度来看，评价发展画像能够帮助他们更好地了解所学专业的全貌和发展前景，明确自己的学习目标和职业方向。

在高校竞争日益激烈的环境下，评价发展画像也是专业对外展示的重要窗口，能够向社会各界直观地呈现专业的实力和特色，反映了专业在时代变迁中不断适应和创新的过程，为专业文化的创新发展提供了灵感和依据。同时，评价发展画像也能够引起政府部门、企业界、科研机构等社会各方的关注和认可，为专业争取更多的外部资源支持和合作机会，助力专业在新时代的教育环境中实现高质量、可持续的发展。

3.3 教学环节画像的基本维度与指标阐释

教学环节画像以该专业的教师为主体，从教师教学胜任力指数、教学数字化指数、师生互动交流指数、教研活跃指数四个维度，描绘了该专业老师的教学状态。其中，教师教学胜任力指数是教学环节画像的基本指标，它为教师提供了一个清晰的自我评估工具，也是教学管理部门进行教学质量监控的重要依据。教学数字化指数展现了该专业教师利用数字技术获取、加工、使用、管理和评价数字信息资源，发现、分析和解决教育教学问题，优化、创新和变革教育教学活动的总体情况，是科学研判教师的教学数字化素养的重要测量指标。师生互动交流指数展现了老师与学生在教学过程中的互动状态，是用于量化评估教师与学生之间互动交流质量和频率的综合指标。教研活跃指数则展现了该专业在教学理念探索、教学方法改进、教学资源开发等教研领域的研究情况，是用于衡量专业教师在教学研究活动中参与的积极性、投入程度和成果产出等多方面情况的综合量化指标。

通过教学环节画像对该专业师资力量、教学质量、教师教学方式等方面的详细描绘和深入分析，既可以帮助学生了解该专业教师的教学行为和教学效果，由此根据该专业的教学情况，选择与自己学习风格相适应的专业，也为教育管理者制订教师培训计划和教学质量提升策略提供丰富的素材和实证依据。

3.3.1 教师胜任力指数

教师胜任力指数是一个综合衡量教师在教学工作中是否能够有效完成教学任务、达到教学目标的能力量化指标。它通过对教师的知识水平、教学技能、教学态度、教学素养等多个维度进行评估和分析，以可视化数据形式生动地展现了该专业教师从事教育教学工作所具备的实际本领情况。教师胜任力对于教师而言是最重要的基础能力，是专业师资力量的集中体现。教师胜任力既包括有形的行为知识技能，也包括无形的价值理念、教学态度、个人形象等。通过教师胜任力指数，学生可以更好地了解该专业教师的教学能力与教学素养。

具体而言，教师胜任力指数由以下数据来源构成：（1）教学规划设计能力指标。这一数据来源描绘的是教师在教学活动开展前，对教学目标、教学内容、教学计划等进行系统规划和合理设计的能力。（2）教学实施能力指标。这一数据来源描绘的是教师在课堂教学或其他教学场景中，将教学规划设计方案转化为实际教学行为的能力。（3）教学评价能力指标。这一数据来源描绘的是教师依据一定的教学目标和标准，对教学活动及其结果进行价值判断的能力。（4）教学反思与发展能力指标。这一数据来源描绘的是教师对自己的教学实践活动进行回顾、思考、分析和总结的能力，以及在此基础上不断寻求自身专业发展的能力。（5）教学态度指标。这一数据来源描绘的是教师对教学工作的认知、情感和行为倾向，直接影响教师的教学行为和学生的学习体验。（6）教学创新能力指标。这一数据来源描绘的是教师在教学过程中突破传统教学模式和方法，运用新的教育理念、教学方法和教学工具，创造性地开展教学活动的能力。（7）教学理念指标。这一数据来源描绘的是教师对教育教学本质、目的、价值、方法等方面的基本认识和观点。它影响着教师的教学行为和教学决策。教师胜任力指数的指标体系及其解释框架如表 1 所示。

表 1　**教师胜任力指数的指标体系及其解释框架**

一级指标	二级指标	指标解释
教学规划设计能力指标	课程目标设定	根据课程标准、学生的学习需求和特点，制定具体、可衡量、有层次性的教学目标
	教学内容组织	根据教学实际情况，引入丰富的教学资源，包括参考书籍、学术论文、网络资源、实物模型等，对教材内容进行合理地整合和拓展
	教学计划的制订	能设计兼具合理性和灵活性的教学进度安排，明确各教学阶段的重点和难点，并能够根据学生的学习进度和反馈及时调整计划

续表

一级指标	二级指标	指标解释
教学实施能力指标	教学方法的运用	能够根据教学内容和学生特点选择合适的教学方法，包括灵活运用多种教学方法，如问题探究学习法、小组合作学习法等
	课堂管理能力	制定明确的课堂规则，建立良好的课堂秩序，有效处理课堂中的突发事件和学生问题行为，确保课堂教学的顺利进行
	教学表达能力	教师在讲解知识时，能够用通俗易懂的语言和肢体语言、表情等辅助教学表达将复杂的概念解释清楚
	专业知识储备	精通所教授学科的基本概念、原理和理论体系，并密切关注学科领域的前沿动态和研究成果，不断更新自己的知识结构，以确保教学内容的时效性和先进性
教学评价能力指标	教学过程评价	能够观察和记录学生在课堂学习过程中的表现
		可以根据学习过程的评价及时反馈学生的优点和不足，提出针对性的改进建议
	教学效果评价	能够运用多种评价工具，如考试、测验、作业、项目作品等，对学生的学习情况进行全面评价，并根据教学效果评价结果调整教学策略
	教学评价方法	运用多元化的评价方式，如形成性评价与终结性评价相结合、定性评价与定量评价相结合、自我评价与他人评价相结合等，全面、客观、公正地评价学生的学习成果和学习过程
教学反思与发展能力指标	教学反思实践	定期对自己的教学过程进行反思，包括教学目标的达成情况、教学方法的有效性、学生的学习反馈等，并从反思中总结经验教训，形成教学反思报告
	专业发展意识	主动关注学科前沿知识和教育教学改革动态
		积极参加教师培训和继续教育活动，不断提升自己的教学能力

续表

一级指标	二级指标	指 标 解 释
教学态度指标	教学热情度	对教学工作的热情是教学态度的核心体现
	职业责任感	教师要对学生的学习和成长负责，关注每一名学生的学习进度和身心健康
教学创新能力指标	教学方法创新	教师要敢于尝试新的教学方法，如翻转课堂、项目式学习等
	教学内容创新	教师可以结合社会热点、科技发展等最新动态对教学内容进行更新和拓展
	教学工具创新	教师还需要具备利用新技术进行教学创新的能力。熟练运用在线教学平台开展线上教学，利用虚拟现实（VR）技术为学生提供沉浸式的学习体验
教学理念指标	对学生的重视度	具有先进教学理念的教师，会将学生置于教学的中心位置，坚信每个学生都具备独特的学习潜力和发展路径
	激发学生的能动性	鼓励学生积极主动地参与学习过程，培养学生独立思考和解决问题的能力，使学生在获取知识的同时，也能提升学习能力和思维品质

3.3.2 教学数字化指数

教学数字化指数是一个综合衡量教师在数字环境中获取、理解、创建、交流数字信息等多种能力的量化指标，能够可视化地呈现出专业教师适当利用数字技术，获取、加工、使用、管理和评价数字信息和资源，发现、分析和解决教育教学问题，优化、创新和变革教育教学活动所具有的意识、能力和责任。

具体而言，教学数字化指数由以下数据来源构成：（1）数字化教学资源利用指标。这一数据来源描绘的是教师在教学过程中对各种数字化教学资源的有效运用能力。(2) 教育资源共享指标。这一数据来源描绘的是教师在教育教学过程中，与其他教师、学生或教育机构之间分享和交流教育资源的程度和效果。(3) 数字化教学工具应用指标。这一数据来源描绘的是教师在教学活动中运用各种数字化工具来辅助教学的能力和水平。(4) 教师数字素养与技能指标。这一数据来源描绘的是教师在数字化时代所应具备的综合素养和能力，包括数字技术知识掌握程度、数字化教学设计能力、数字安全与伦理意识等。教学数字化指数的指标体系及其解释框架如表 2 所示。

表 2　　教学数字化指数的指标体系及其解释框架

一级指标	二级指标	指标解释
数字化教学资源利用指标	课程资源获取频率	教师从在线课程平台（如中国大学 MOOC、网易云课堂等）获取课程相关资源的频繁程度。相关资源包括教学视频、课件、学习资料（如电子书籍、学术论文）等
	平台功能挖掘程度	对在线课程平台各种功能的利用情况，如讨论区、作业提交与批改、在线测试等
	数字化教材使用率	统计教师和学生使用电子教材（如通过学校的电子书包系统、出版社的电子教材平台）的频率
教育资源共享指标	资源上传频率	教师和学生向校内或校外的教育资源共享平台上传自己制作或收集的教学资源（如课件、教案、学习心得、教学案例等）的频率
	资源下载与引用情况	统计从共享平台下载和引用他人资源的次数。这体现了资源的流动和利用效率

续表

一级指标	二级指标	指标解释
数字化教学工具应用指标	教学管理系统的使用情况	课程安排与考勤管理。教师通过教学管理系统（如学校的教务管理系统）安排课程表，进行学生考勤记录等操作的熟练程度和频率
		成绩管理与分析。利用教学管理系统记录学生成绩，并进行成绩分析的情况
	互动教学工具的运用情况	实时互动工具。如使用腾讯会议、钉钉等实时通信软件进行线上教学互动的情况
		非实时互动工具。如利用在线论坛、学习社区（如百度贴吧的学习吧、专业学科论坛）等非实时互动工具开展教学互动的情况
	教学评价数字化工具应用	在线测试与评估系统。教师使用在线测试平台（如问卷星、考试酷等）设计和发布测试题目的频率，以及学生完成在线测试的情况
		教学反馈收集工具。利用数字化工具（如在线问卷、教学评价软件）收集学生对教学内容、教学方法、教师表现等方面的反馈意见的情况
教师数字素养与技能指标	数字技术知识掌握程度	基本软件操作能力。教师对常用办公软件（如 Microsoft Word、Excel、PowerPoint）和教学软件（如希沃白板软件、几何画板等）的熟练操作程度
		对新兴数字技术了解的情况。教师对新兴数字技术（如人工智能辅助教学、区块链在教育中的应用、大数据分析）的认知程度

续表

一级指标	二级指标	指标解释
教师数字素养与技能指标	数字化教学设计能力	数字化教学设计能力。教师在教学设计过程中整合各种数字化资源的能力
		基于数字技术的教学方法创新。教师能够利用数字技术创新教学方法
	数字安全与伦理意识	数据安全保护意识。教师在教学过程中对学生个人信息、教学数据（如成绩数据、教学资源数据）等的保护意识和措施
		数字伦理遵守情况。教师在数字教学环境中遵守数字伦理的情况，如正确引用数字资源、避免抄袭和侵权等

3.3.3　教研活跃度指数

教研即教育研究，是指总结教学经验，发现教学问题，研究教学方法。教研活跃指数反映了老师对教学经验和方法的更新速度。教研活跃指数越高，该专业在教学方法的建设速度越快。

具体而言，教研活跃度指数由以下数据来源构成：(1) 教研参与度指标。这一数据来源描绘的是教师参与各类教育研究活动的积极程度和广泛程度。(2) 教研成果产出指标。这一数据来源描绘的是教师在教育研究过程中所取得的实际成果，是对其教研能力和工作成效的直观体现。(3) 教研交流与合作指标。这一数据来源描绘的是教师与其他教育工作者之间在教育研究方面的沟通、互动与协作情况。教研活跃度指数的指标体系及其解释框架如表 3 所示。

表 3　　教研活跃度指数的指标体系及其解释框架

一级指标	二级指标	指标解释
教研参与度指标	教研会议参与频率	主要关注教师参加学校、学区或学科专业组织定期举办的教研会议的情况
	参与课题研究情况	包括参与学校内部课题和外部科研项目的程度
		衡量标准有参与课题的数量、课题的级别（如校级课题、市级课题、省级课题等）以及在课题研究中的贡献程度
	加入专业教研团队情况	既包括积极参与团队活动的普通成员，也包括负责策划活动、引领研究方向的团队的组织者或核心成员
教研成果产出指标	论文发表情况	数量方面，统计教师在一定时期内（如一年或一个学期）在学术期刊、教育杂志上发表的论文篇数
		论文质量则主要看论文发表刊物的级别和影响力。一般来说，在核心期刊（如北大核心期刊、CSSCI 期刊等）发表的论文质量较高，因为这些期刊对论文的学术性、创新性等要求更为严格
	教学案例编写与分享	教师编写的教学案例应具有典型性、创新性和实用性
		教师既可以在学校内部的教学资源平台分享案例，也可以在区域性或全国性的教育论坛、教学资源网站上分享。广泛分享教学案例能够使更多教师受益，同时也体现了教师积极推广自己教研成果的态度
	教材编写贡献	教师可参与编写校本教材、地方教材或与出版社合作编写通用教材
	课程资源开发贡献	课程资源开发包括开发线上教学课程、制作教学课件、录制教学视频等

续表

一级指标	二级指标	指 标 解 释
教研交流与合作指标	校内教研交流频率和深度	校内教研交流频率指教师在学校内部与同事之间进行教学研究交流的次数
		校内教研交流深度体现在交流的内容上，包括分享教学实践中的创新方法、共同探讨教学难题的解决方案等
	跨校教研合作参与情况	教师参与跨校教研合作可以拓宽教研视野，获取不同学校的教学经验
		合作的形式包括联合开展课题研究、共享教学资源、组织校际教学竞赛等
	与教育专家互动情况	教师与教育专家的互动可以是参加专家讲座后的提问与交流，也可以是通过线上平台、电子邮件等方式向专家请教教学研究中的困惑
		邀请教育专家参与本校教研活动的情况

3.3.4 师生互动性指数

师生互动指数是衡量教师和学生在课堂中互动交流的指标。师生的互动交流是教学所必需的，是教育过程中最主要、最基本的人际交往。师生之间的关系与交往状态如何，在一定程度上左右着教与学的双边关系，影响着教育教学的质量。

具体而言，师生互动性指数由以下数据来源构成：(1) 互动频率指标。这一数据来源描绘的是在课堂教学过程中，教师与学生之间进行互动交流的次数有多少。(2) 互动质量指标。这一数据来源描绘的是师生互动过程中交流的深度、效果和价值。(3) 互动方式指标。这一数据来源描绘的是师生在课堂中进行互动交流所采用的形式和方法。师生互动指数的指标体系及其解释框架如表 4 所示。

表 4　　师生互动指数的指标体系及其解释框架

一级指标	二级指标	指 标 解 释
互动频率指标	课堂问答情况	老师在课堂上向学生提问的频率。频繁的提问能够激发学生的思维，引导他们参与课堂学习
		回答参与率。即关注学生回答问题的参与程度
		追问情况。教师对学生回答问题后的追问也很关键，追问能够拓展学生的思维，使互动更加深入
	小组讨论参与度	小组讨论发起频率。教师组织学生进行小组讨论的次数体现了其对合作学习的重视程度
		学生参与小组讨论的积极性。观察学生在小组讨论中的表现，包括是否积极发言、倾听他人意见等
		教师在小组讨论中的介入程度。教师在小组讨论过程中需要适时介入，引导讨论的方向，解答学生的疑惑
	课后交流频率	主动交流情况。教师主动与学生在课后进行交流的次数是一个重要的方面。可以在教室外、办公室或者通过线上渠道（如即时通信工具）进行交流
		学生主动咨询频率。统计学生主动向教师请教问题或者分享想法的次数。如果学生对教师信任并且师生关系融洽，学生就会更愿意主动与教师交流
互动质量指标	交流内容的深度	知识探究的深度。在互动过程中，师生对知识的探究程度是衡量互动质量的重要因素。教师和学生不仅仅是讨论概念的定义，还深入探讨概念的应用场景、与其他知识的联系以及在实际生活中的体现
		情感交流的深度。师生之间的情感交流也很重要。教师要能够理解学生的情绪，并且给予积极地回应

续表

一级指标	二级指标	指标解释
互动质量指标	反馈的有效性	教师对学生的反馈。教师在学生回答问题、完成作业或者参与活动后给予的反馈应该是具体、有针对性和建设性的
		学生对教师反馈的接受度。观察学生对教师反馈的反应，看他们是否能够理解并愿意根据反馈进行改进
	互动的启发性	教师启发学生的能力。教师在互动过程中应该启发学生的思维，引导他们提出新的观点
		学生的启发式回应。学生在互动中的回应也应该具有启发性。这种双向的启发性互动能够营造积极的学习氛围，促进知识的传播和创新
互动方式指标	言语互动	包括面对面的交谈、课堂上的口头问答、语音通话等
	非言语互动	涵盖肢体语言（如教师的微笑、点头鼓励）
		书面反馈（如教师批改作业时的评语、学生给教师的建议信）
		多媒体互动（如通过在线教学平台的点赞、评论功能）等多种方式

3.4 学习全景画像的基本维度与指标阐释

学习全景画像以该专业的学生为主体，从学习挑战指数、学习投入指数、交叉学科指数和数字素养指数四个维度，描绘了该专业学生的学习状态。其中，学习挑战指数注重描绘学生在学习时所需接触的知识深度；学习投入指数注重描绘学生在学习时的学习意愿与实际投入；交叉学科指数注重描绘学生在学习时所需接触的知识宽度；数字素养指数则描绘了学生学习时所需的数字素养。在这一画像中，学生可以了解未来学习所需的知识的宽度与深度、前人对知识的投入程度以及对学生的数字素养的要求。

3.4.1 学习挑战指数

学习挑战指数评价的是学科知识的学习难度，既包括课程本身的难度，也体现在对学生学习成果的高要求上，从而反映学生在学习时所需接触的知识深度。学习挑战难度涉及专业课的通过率和平均分，借此可以帮助学生意识到未来学习时面临的挑战。

学习挑战指数由以下数据来源构成：（1）学生反馈指标。这一数据来源描绘的是学生根据自身学习体验对课程的难易程度、教学内容、教学方法等方面所给出的评价和意见。（2）课程学时信息指标。这一数据来源涉及课程总的授课学时、实践学时等安排情况。（3）课程难度信息指标。这一数据来源涉及课程内容的深度、广度以及知识的复杂程度等。（4）课程所要求学生具备的学习能力指标。这一数据来源描绘的是课程为了让学生达到良好的学习效果所需要的各种能力。（5）课程考核指标。这一数据来源包括考核的方式、内容和标准等。（6）学生科研成果指标。这一数据来源反映学生在学习过程中对知识的拓展和应用能力，以及面对更高层次学习挑战的情况。学习挑战指数的指标体系及其解释框架如表 5 所示。

表 5　　学习挑战指数的指标体系及其解释框架

一级指标	二级指标	指标解释
学生反馈指标	学生对课程的满意度	如果学生对课程满意度高，可能意味着课程难度在他们可接受的范围内，学习挑战相对较低。相反，如果学生满意度低，可能是因为课程太难，他们难以跟上教学进度，或者教学方式不符合他们的学习习惯，导致学习挑战较大
	学生对课程的评价	正面评价表明课程的学习挑战在合理区间。而负面评价则反映出学习挑战较高

续表

一级指标	二级指标	指标解释
学生反馈指标	学生对课程的感想和收获	学生的感想能够体现他们在学习过程中的体验。如果学生表示在课程中学到了很多知识和技能，并且感觉自己得到了成长，这可能说明虽然课程有一定的挑战，但他们能够应对并且从中受益。然而，如果学生表示在课程结束后仍感觉迷茫，不清楚自己学到了什么，这可能意味着课程的学习挑战过高，学生没有很好地理解和掌握课程内容
课程学时信息指标	课程的总学时	总学时较长的课程可能涵盖的内容较多，学习挑战也相对较大。而短学时课程如果内容高度浓缩且难度大，学习挑战同样会很高
	理论学时和实践学时	理论学时和实践学时的分配对学习挑战有重要影响。对于一些强调实践操作的课程，学生需要在实验室或实际工作场景中花费大量时间来掌握技能。较多的理论学时意味着学生需要深入理解抽象的概念和复杂的公式推导
课程难度信息指标	知识点本身难度	可以通过专家评估（如学科教师或专业学者）来确定知识点的难度等级，将知识点难易程度分为简单、中等、困难等不同等级，统计课程中各难度等级知识点的数量和分布，以此来衡量课程的难度
	课程内容的深度和广度	课程内容的深度是指对知识点挖掘的程度。课程内容的广度则是涵盖知识领域的范围。深度越深和广度越大，课程的学习挑战越高
课程所要求学生具备的学习能力指标	逻辑思维能力要求	许多课程需要学生具备较强的逻辑思维能力。如果课程对逻辑思维能力要求高，而学生在这方面能力较弱，就会增加学习挑战
	自主学习能力要求	有些课程的教学方式更倾向于引导学生自主学习。对于这类课程，对学生自主学习能力的要求很高。可以通过课程中是否设置自主学习任务（如文献综述、个人项目等）以及这些任务的复杂程度来衡量对自主学习能力的要求

续表

一级指标	二级指标	指 标 解 释
课程所要求学生具备的学习能力指标	记忆能力要求	如果课程要求学生记忆的内容多且复杂，就会增加学习挑战。可以通过统计课程中需要记忆的知识点数量和难度来衡量对记忆能力的要求
	创新能力要求	可以通过课程作业和考核中对创新成果（如设计作品、研究成果等）的要求程度来衡量对创新能力的要求
课程考核指标	考试通过率	考试通过率是衡量课程学习挑战的一个重要指标。不过，考试通过率也可能受到其他因素的影响，如考试题目难度设置不合理（过难或过易）、学生的学习态度等
	作业完成率	作业完成率反映了学生对课程学习任务的执行情况。如果作业完成率低，可能是因为作业难度过高，学生不知如何下手，或者是课程内容太多，学生没有足够的时间完成作业
	考试平均分	考试平均分可以直观地反映学生对课程内容的整体掌握程度。平均分较低说明学生整体的学习成果不理想，课程可能具有较高的学习挑战
	作业平均分	作业平均分与考试平均分类似，它反映了学生在日常学习任务中的表现。较低的作业平均分可能意味着学生在课程的知识点理解和应用方面存在困难，学习挑战较高
	章节测试完成率和平均分	章节测试能够及时反馈学生对每个章节知识的掌握情况。较低的章节测试完成率可能是因为学生跟不上教学进度，或者章节测试难度较大。章节测试平均分较低则表明学生在章节知识的学习上存在问题，这些都体现了课程的学习挑战
	任务点完成率	在一些线上课程或者采用任务驱动教学法的课程中，任务点完成率很重要。如果任务点完成率低，可能是因为任务设计不合理（如任务难度过大、任务要求不明确等）或者学生学习动力不足

续表

一级指标	二级指标	指 标 解 释
课程考核指标	平均知识点掌握率	可以通过课堂提问、小测验、作业和考试等多种方式来收集学生对知识点的掌握情况数据。如果平均知识点掌握率低，说明课程的学习挑战较高，学生难以很好地掌握课程内容
学生科研成果指标	科研成果的质量	学生科研成果的质量可以从多个方面衡量，如研究的创新性、方法的科学性、结论的可靠性等。如果课程要求学生能够产出高质量的科研成果，这对学生是一个巨大的挑战
	科研成果的数量	科研成果的数量也能反映学习挑战。如果一门课程要求学生在短时间内完成多个科研项目或者撰写多篇论文，这会增加学生的学习压力

3.4.2 学习投入指数

学习投入指数评价的是学生对学业投入的意愿与实际投入的精力。学习投入指数受到多种因素的影响，既与知识本身的吸引力有关，又与知识的难易程度有关，还与学生的实际投入状态有关。通过学习投入指数，学生可以了解该专业学生学习专业内容所需投入的时间精力，从而提前预知专业的学习要求，选择更适合自己的专业。

具体而言，学习投入指数由以下数据来源构成：（1）学生反馈指标。这一数据来源包括学生对课程的满意度、学生对课程的评价、学生对课程的感想和收获。（2）课程学时信息指标。这一数据来源直接体现为课程的时间跨度和学习量。（3）课堂参与度指标。这一数据来源反映学生在课堂上的活跃程度，包括主动发言、提问、参与讨论、小组合作等情况。（4）

课程到课率和课堂活动参与率指标。学生是否重视课程学习、愿意投入时间的基本体现。(5)学生的科研成果指标。这一数据来源描绘的是学生在科研项目、学术研究等方面取得的成果，如发表论文、获得专利、参与科研竞赛获奖等。(6)专业教学计划指标。这一数据来源反映整个专业学习的时间总量要求和专业对实践能力培养的重视程度。学习投入指数的指标体系及其解释框架如表 6 所示。

表 6　**学习投入指数的指标体系及其解释框架**

一级指标	二级指标	指标解释
学习反馈指标	学生对课程的满意度	满意度是学生对课程整体感受的直接体现。如果学生对课程非常满意，可能意味着他们在课程学习中投入了积极的情感和精力，并且得到了相应的回报。满意度高的课程往往能激发学生主动投入学习，包括在课前预习、课后复习以及课堂互动等环节
	学生对课程的评价	学生对课程的评价内容能够提供更详细的信息来反映学习投入情况。正面评价表明学生在学习过程中有较高的投入度。他们不仅仅是被动地接受知识，还会主动去拓展学习内容。负面评价则意味着学生可能在学习过程中缺乏动力和投入
课程学时信息指标	课程的总学时	课程总学时在一定程度上影响学生的学习投入。一般来说，总学时较长的课程要求学生投入更多的时间和精力。然而，总学时长并不一定意味着学生投入度高，还需要结合其他因素，如课程难度、学生兴趣等来综合判断。如果课程内容枯燥且难度过高，学生可能会产生畏难情绪，导致学习投入减少

续表

一级指标	二级指标	指标解释
课程学时信息指标	课程的难度信息与学时的关联	课程难度和学时相结合能够更好地反映学习投入。对于难度较大的课程，学生可能需要花费更多的时间来理解和掌握知识。反之，如果课程难度很高，但学时较短，学生可能会感到压力过大，投入的效果也会受到影响。可以通过专家评估（如学科教师或专业学者）来确定课程难度等级，再结合课程的总学时来分析学生可能需要的学习投入程度
课堂参与度指标	课堂互动参与情况	课堂互动包括学生提问、回答问题、参与小组讨论、课堂辩论等多种形式。积极参与课堂互动的学生通常在学习上有较高的投入度。可以通过观察课堂互动情况，记录学生参与互动的频率和质量来衡量
	课堂注意力集中程度	如果学生能够长时间保持注意力集中，紧跟教师的教学思路，积极思考课堂内容，那么他们的学习投入度较高。注意力集中程度高的课堂往往能让学生更好地吸收知识，也反映了学生在学习过程中的积极投入
课程到课率和课堂活动参与率指标	课程到课率	较高的到课率通常意味着学生重视这门课程，愿意花费时间和精力到教室学习。但到课率高并不完全等同于学习投入度高，学生可能只是人在教室，但心思不在学习上，还需要结合其他指标（如课堂参与度等）来综合判断
	课堂活动参与率	课堂活动参与率包括参与课堂实验、角色扮演、课堂竞赛等各种活动的比率。积极参与课堂活动的学生往往对课程有更高的兴趣和投入度。可以通过记录参与课堂活动的学生人数和活动次数来计算参与率，以此来衡量学生在课堂学习过程中的实际投入情况

续表

一级指标	二级指标	指 标 解 释
学生的科研成果指标	科研成果的质量	学生科研成果的质量体现了他们在学习过程中的深度投入。高质量的科研成果，如在高水平学术期刊上发表的论文、在科研竞赛中获得奖项的项目等，通常需要学生投入大量的时间和精力进行文献查阅、实验设计、数据分析等工作。可以从创新性、科学性、实用性等多个维度来评价科研成果的质量
	科研成果的数量	科研成果的数量也在一定程度上反映了学习投入。如果学生在一定时间内能够完成较多的科研项目或论文，说明他们在学习之余还投入了大量的时间进行科研活动
专业教学计划指标	专业教学计划的总学时	专业教学计划的总学时给学生的学习投入提供了一个宏观的框架。它规定了学生在整个专业学习过程中需要投入的时间总量
	专业教学计划的实践学时	实践学时在专业教学计划中占有重要地位。对于一些注重实践操作的专业，如工程、医学、艺术等，实践学时的投入程度直接影响学生的专业技能掌握情况

3.4.3 交叉学科指数

交叉学科指数评价的是该学科和其他学科在研究理论、研究对象、研究方法和学科知识等方面相互交叉、融合、渗透的程度，从而反映学生在学习时所需接触的知识宽度。学科交叉体现了科学的未来发展趋势，有助于推动学科创新与繁荣发展。

具体而言，交叉学科指数由下列数据来源构成：（1）在职教师指标。这一数据来源包括在职教师的学科背景、学历层次、专业技能等方面。（2）

教师研究方向指标。这一数据来源体现了教师在学术研究上的侧重点和领域。(3) 交叉课程学时信息指标。这一数据来源描绘的是在专业教学计划中，涉及多学科知识融合的课程所安排的学时数量。(4) 学生科研成果信息指标。这一数据来源描绘的是学生在科研项目、学术竞赛、论文发表等方面取得的成果情况。(5) 专业教学计划中的课程性质指标。这一数据来源描绘的是专业教学计划中的课程的跨学科属性，以及课程之间的关联性和融合度。交叉学科指数的指标体系及其解释框架如表 7 所示。

表 7　**交叉学科指数的指标体系及其解释框架**

一级指标	二级指标	指标解释
在职教师指标	教师毕业院系和专业	计算不同学科背景教师在专业教师总数中的占比。通过对比不同专业的学科多样性比例，可以评估其交叉学科发展的基础优势
	跨学科教师合作频率	统计不同学科背景教师之间合作开展教学、科研项目以及学术交流活动的次数。较高的合作频率表明教师能够有效地整合不同学科的知识和方法，为学生创造更多的跨学科学习机会，从而提升该专业的交叉学科指数
教师研究方向指标	研究方向覆盖广度	对教师的研究方向进行分类统计，并评估其覆盖的知识领域范围。较广的研究方向覆盖广度意味着该专业能够在多个学科交叉点上开展前沿研究和教学活动，为学生提供更广泛的跨学科知识视野，促进学科的交叉融合，提高交叉学科指数
	跨领域研究项目比例	确定教师承担的跨领域研究项目在其总研究项目中的比例。较高的跨领域研究项目比例表明教师在科研活动中积极推动学科交叉，能够将不同学科的理论和技术融合应用，这不仅有助于提升教师自身的跨学科研究能力，还能通过科研反哺教学，为学生提供更多实际的跨学科案例和实践机会，从而增强交叉学科的特性

续表

一级指标	二级指标	指 标 解 释
交叉课程学时信息指标	跨学科课程学时占比	统计专业课程体系中跨学科课程的总学时，并计算其在专业总学时中的占比。较高的跨学科课程学时占比意味着学生有更多的时间深入学习跨学科知识，表明该专业在课程设置上重视学科交叉融合，为学生提供了系统学习多学科知识的机会，有利于提高学生的跨学科素养和能力，进而提升交叉学科指数
	新兴交叉学科领域课程学时增长率	跟踪新兴交叉学科领域（如人工智能与医疗结合的智慧医疗、新能源与材料科学交叉的能源材料等）课程在专业课程体系中的学时变化情况。较高的学时增长率表明专业能够及时跟上学科发展的前沿趋势，积极引入和发展新兴交叉学科领域的课程，为学生提供接触最新跨学科知识和技术的机会，提升专业的交叉学科指数，增强学生在未来就业市场和学术研究中的竞争力
学生科研成果信息指标	科研成果跨学科引用率	分析学生科研成果（如论文、专利、研究报告等）中引用的参考文献来自不同学科领域的比例。较高的跨学科引用率说明学生在科研过程中能够广泛涉猎不同学科的知识，并将其有效地整合应用到自己的研究中，体现了学生较强的跨学科研究能力和该专业较高的学科交叉融合程度，从而提升交叉学科指数
	跨学科科研项目参与比例	统计学生参与跨学科科研项目（如由多个学科的教师联合指导、涉及多个学科知识领域的项目）的人数占专业总学生人数的比例。较高的参与比例表明专业为学生提供了丰富的跨学科科研实践机会，学生能够在实际科研活动中锻炼跨学科思维和解决问题的能力，同时也反映了该专业在科研层面的学科交叉融合程度较高，有利于提高交叉学科指数

续表

一级指标	二级指标	指标解释
专业教学计划中的课程性质指标	课程性质多样性指数	根据课程性质（如理论课、实验课、实践课、案例分析课、研讨课等）对专业教学计划中的课程进行分类统计，并计算课程性质的种类数量占总课程数量的比例。较高的课程性质多样性指数意味着专业教学计划能够通过多种形式的课程来传授知识和培养学生能力，不同性质的课程可以从不同角度促进学科之间的融合
	跨学科课程模块整合度	评估专业教学计划中不同课程模块（如基础课程模块、专业核心课程模块、选修课程模块等）之间的跨学科整合程度。较高的整合度表明专业教学计划能够有针对性地构建跨学科课程体系，使学生在学习过程中能够系统地掌握跨学科知识和技能，避免知识的碎片化，提高学习效果，进一步促进学科的交叉融合，提升交叉学科指数

3.4.4 数字素养指数

学生的数字素养指数是指该专业学生学习时应具备的数字获取、制作、使用、评价、交互、分享、创新、安全保障、伦理道德等一系列素质与能力的集合。

具体而言，数字素养指数由以下数据来源构成：（1）数字获取能力指标。这一数据来源描绘的是学生能够从各种数字渠道，如互联网、数据库、数字图书馆等，高效、准确地搜索、定位和获取所需数字信息的能力。（2）数字制作能力指标。这一数据来源涉及学生运用数字工具和技术，如文字处理软件、图像编辑软件、视频制作软件等，创建各种数字内容的能力。

(3) 数字使用能力指标。这一数据来源主要体现在学生能否熟练运用各种数字设备和软件工具来完成学习、工作和生活中的任务。(4) 数字评价能力指标。这一数据来源描绘的是学生在数字环境中与他人、系统或数字内容进行有效互动的能力。(5) 数字交互能力指标。这一数据来源描绘的是学生在数字环境中与他人、系统或数字内容进行有效互动的能力。(6) 数字分享能力指标。这一数据来源描绘的是学生能够将自己制作或获取的有价值的数字内容，通过合适的数字平台和渠道，以合法、合规、合理的方式分享给他人的能力。学生能够在数字技术的支持下，突破传统思维，创造新的数字产品、服务或解决方案的能力。(7) 数字创新能力指标。这一数据来源描绘的是学生能够在数字技术的支持下，突破传统思维，创造新的数字产品、服务或解决方案的能力。(8) 数据防护能力指标。这一数据来源描绘的是学生保护自己和他人数据信息安全的能力。(9) 数字伦理道德能力指标。这一数据来源描绘的是学生在数字世界中遵循道德规范和法律准则，正确处理数字活动中的各种关系和问题。数字素养指数的指标体系及其解释框架如表 8 所示。

表 8　**数字素养指数的指标体系及其解释框架**

一级指标	二级指标	指标解释
数字获取能力指标	数字资源搜索效率	衡量学生在面对特定的学术或实践问题时，运用搜索引擎、专业数据库等工具获取相关数字信息的速度和准确性
	数字信息筛选能力	评估学生从大量繁杂的数字信息中辨别真伪、筛选出可靠且有用信息的能力
数字制作能力指标	数字内容创作工具熟练度	考察学生对各类数字内容创作工具（如文字处理软件 Word、图像处理软件 Photoshop、视频编辑软件 Premiere 等）的掌握程度和熟练运用水平

续表

一级指标	二级指标	指标解释
数字制作能力指标	数字作品的创意性与规范性	不仅关注学生能否使用数字工具制作出内容，更注重其作品的创意性和规范性。创意性体现在学生能够运用独特的思维和表现手法，使数字作品具有新颖性和吸引力。规范性则包括遵循相关领域的格式要求、排版规则、色彩搭配原则等，使作品在专业和审美上都达到一定标准
数字使用能力指标	数字工具应用场景的多样性	统计学生能够熟练运用数字工具解决不同类型问题或任务的场景数量和范围，了解学生在学习、生活、工作等各个方面使用数字工具的情况，统计其应用场景的多样性，以此反映学生数字使用能力的广度和深度，进而评估其数字素养指数的高低
	数字技术解决实际问题的有效性	根据学生在具体项目或任务中运用数字技术解决问题的实际成果进行评估，包括问题是否得到有效解决、解决过程的合理性和高效性等，以衡量学生数字使用能力的实际水平。这一指标不仅能反映学生是否会使用数字工具，而且更重要的是，是否还能够利用这些工具切实地解决实际问题，达到预期的目标
数字评价能力指标	数字信息可信度评估的准确性	测试学生对数字信息来源可靠性、内容真实性和数据准确性的判断能力。在面对各种数字信息时，学生应能依据信息的发布机构、作者资质、数据来源、引用情况等因素，准确地评估其可信度
	数字作品质量评价能力	反映学生在各类数字作品（如网站、App、多媒体作品等）在设计、功能、内容等方面质量的评价水平。学生需要能够从用户体验、视觉效果、交互性、信息准确性和完整性等多个维度，对数字作品进行全面而深入的评价

续表

一级指标	二级指标	指标解释
数字交互能力指标	在线沟通协作能力	评估学生在网络环境下与他人进行有效沟通、协作完成任务的能力。这包括使用即时通讯工具（如微信、QQ 等）、在线会议平台（如腾讯会议、钉钉等）、团队协作软件（如飞书、Trello 等）进行信息交流、任务分配、进度跟踪和问题解决等方面的表现
	数字社交礼仪与规范遵守程度	关注学生在数字社交平台（如微博、抖音、知乎等）上的行为表现，是否遵循相应的社交礼仪和规范。这包括尊重他人的隐私和知识产权，避免发布不当言论、恶意攻击他人或传播虚假信息等行为；能够正确使用表情符号、语言表达得体，遵循平台的规则和文化氛围
数字分享能力指标	数字知识分享平台活跃度	衡量学生在各类数字知识分享平台（如知乎、百度文库、学术论坛等）上的参与程度和活跃度。这包括学生发布有价值的知识内容（如学习笔记、经验分享、学术见解等）的频率和质量，以及与其他用户进行互动交流（如回答问题、参与讨论、点赞评论等）的情况
	数字作品分享范围与影响力	考察学生所创作的数字作品（如文章、图片、视频、软件等）在网络上的分享范围和所产生的影响力。这不仅取决于作品本身的质量和吸引力，还与学生选择的分享渠道、推广方式以及受众群体的反馈等因素有关
数字创新能力指标	数字技术应用创新频率	统计学生在学习、生活和实践中，将现有数字技术进行创新性应用以解决问题或满足新需求的次数和频率。鼓励学生记录自己在数字技术应用方面的创新想法和实践案例，定期进行收集和评估，或者组织创新项目比赛等活动，激发学生的创新意识和实践能力，同时也为数字创新能力的评估提供丰富的数据来源

续表

一级指标	二级指标	指标解释
数字创新能力指标	数字产品或服务创新成果评估	对学生自主研发的数字产品（如软件、App、网站等）或提供的数字服务（如在线咨询、数据分析服务等）的创新性进行评估。这包括从技术创新、功能创新、商业模式创新、用户体验创新等多个角度进行分析和评价
数据防护能力指标	数字设备与账号安全防护意识	考察学生对数字设备（如电脑、手机、平板等）和各类网络账号（如社交媒体账号、电子邮箱账号、在线学习平台账号等）的安全防护意识和措施。这包括设置强密码、定期更换密码、开启双重身份验证、安装杀毒软件和防火墙、避免使用公共无线网络进行敏感性操作等方面的情况
	数据隐私保护能力	关注学生在处理和使用数字数据时，对个人隐私和他人隐私的保护能力。这涉及学生在收集、存储、传输和共享数据过程中，是否遵循相关的法律法规和道德规范，采取必要的技术手段（如数据加密、匿名化处理等）来保护数据的隐私性和安全性
数字伦理道德能力指标	数字行为道德规范认知程度	测试学生对数字领域中各种行为的道德规范和伦理准则的了解和认知程度。这包括对知识产权保护、网络诚信、信息传播道德、数字歧视等方面的认识
	数字道德困境应对能力	考察学生在面对数字领域中的道德困境时，能否作出正确的道德判断和决策，并采取合适的行动。通过设置一系列具有现实背景的数字道德困境案例，让学生进行角色扮演和决策分析，观察其应对方式和决策过程，从道德判断的准确性、行动的合理性和勇气等方面进行评估

3.5 管理决策画像的基本维度与指标阐释

管理决策画像以该专业的管理部门为主体，从**教学资源管理情况、学生学习轨迹跟踪、教师教学评价和专业建设发展**四个维度，描绘了该专业管理部门的管理效果。教学资源管理指数描绘了管理部门对教学资源的管理，学生学习轨迹跟踪反映了管理部门对学生的管理，教师教学质量评价折射出管理部门对老师的管理，专业建设发展情况跟踪指数则体现出管理部门对专业发展的管理。一个良好的管理保障部门能够提高和改进教学质量，提升专业水平，促进专业的健康发展。在这一画像中，学生可以了解到该专业的管理部门在管理教学工作、学科建设等方面是否有效，从而为其选择专业提供除学生和老师情况以外更为隐性的参考维度。

3.5.1 教学资源管理指数

教学资源管理指数反映了管理部门对教学资源的管理水平。教学资源是为教学的有效开展提供的素材等各种可被利用的条件，通常包括教材、案例、影视、图片、课件等，也包括教师资源、教具、基础设施等。

具体而言，教学资源管理指数由以下数据来源构成：(1) 教学资源规划统筹指标。这一数据来源涉及对教学资源的整体规划和统筹安排。(2) 教学资源采集汇聚指标。这一数据来源是收集和整合各类教学资源的相关指标。(3) 教学资源优化配置指标。这一数据来源侧重于如何合理地分配和利用教学资源，以达到最佳的教学效果。(4) 教学资源存储安全指标。这一数据来源主要关注教学资源在存储过程中的安全性和完整性。(5) 教学资源共享分发指标。这一数据来源涉及教学资源在学校内部以及与外部机构之间的共享和传播。(6) 教学资源应用评估指标。这一数据来源对教学资源在教学过程中的使用效果进行评估和分析。教学资源管理指数的指标体系及其解释框架如表 9 所示。

表 9　**教学资源管理指数的指标体系及其解释框架**

一级指标	二级指标	指标解释
教学资源规划统筹指标	战略适配度	评估资源规划是否紧密贴合学校的长期发展战略、学科建设规划以及人才培养目标。通过对比学校战略规划文档与资源投入方向、重点项目，判断资源规划的战略适配程度
	需求预判力	深入分析教育发展趋势、学科演进方向、社会人才需求变化以及新技术对教学模式的潜在影响等因素。通过调研行业报告、追踪学术前沿动态、分析毕业生就业反馈等，挖掘潜在需求，提前规划资源筹备
教学资源采集汇聚指标	渠道多元化	衡量获取教学资源的途径是否广泛多样。统计每年度新增资源渠道数量、类型，对比同类院校资源渠道丰富度，评估渠道多元性
	资源整合度	从内容整合来看，要确保新资源能无缝对接课程体系，如校外引入的专题讲座视频能对应相关课程章节作为拓展学习资料，企业案例能融入专业课程教学环节
		从技术整合来讲，不同格式、来源的资源应能在学校统一教学平台上顺畅运行，避免出现兼容性问题。通过教师试用反馈、学生使用体验调查、技术测试等方式，评估资源整合的效率与质量
教学资源优化配置指标	学科均衡性	考察教学资源在不同学科专业之间的分配是否公平合理。分析各学科专业资源投入占比、生均资源量，对比学科发展需求，判断学科均衡性

续表

一级指标	二级指标	指 标 解 释
教学资源优化配置指标	层级适配性	关注资源配置是否符合不同教育层级（如本科、硕士、博士）的教学要求 对比不同层级学生的学习需求与实际资源配置，评估层级适配性
教学资源存储安全指标	存储扩容性	要考察硬件层面，如服务器存储容量能否便捷扩展，存储架构是否具备良好的扩展性，以适应高清视频、大数据等大容量资源的存储
		关注软件层面，云存储服务是否能根据资源增长动态调整空间，存储管理系统是否支持高效的数据迁移与备份，确保资源存储的连续性与稳定性
	安全保障性	在数据安全层面，要具备完善的数据加密机制，防止资源被盗用、篡改，如对学生成绩数据、教师教学资料等敏感信息加密存储；建立严格的访问权限控制，根据用户角色（教师、学生、管理人员等）分配不同权限，确保资源合法使用；定期进行数据备份，防范数据丢失风险，如异地备份关键教学资源
		在物理安全层面，保障存储设备所在环境的安全，如防火、防水、防盗设施齐全，机房有专人值守等。通过模拟安全攻击测试、实地安全检查等方式，检验安全保障措施有效性
教学资源共享分发指标	共享开放性	在校际合作方面，积极参与区域高校资源共享联盟，开放优质课程、实验室资源等供兄弟院校师生交流使用，同时引进外部院校特色资源，实现互利共赢
		校企合作中，向企业开放科研成果转化资源、人才培养案例资源，换取企业实践经验、技术支持等回馈
		面向社会公众，通过公开课、科普资源平台等形式，传播知识，提升学校社会影响力

续表

一级指标	二级指标	指标解释
教学资源共享分发指标	分发精准性	对于教师，结合其教学科目、科研方向，推送专业文献、教学案例、学科动态等资源
		对于学生，依据专业、年级、学习进度、兴趣爱好分发不同教学资源，如为大一新生推送入学适应资料、基础课程学习资源，为备考学生推送复习资料、模拟试题等
教学资源应用评估指标	应用广泛性	从教师角度来讲，查看教师在备课、授课过程中使用学校提供资源的比例，如在线课程平台利用率、多媒体素材引用率等
		从学生角度来讲，统计学生登录学习平台频次、借阅电子图书数量、参与实践基地活动人次等。通过教务系统、图书馆管理系统、实践基地管理系统等多渠道收集数据，计算资源应用广泛性指标
	效益评估的科学性	从资源质量评估入手，考量资源内容准确性、权威性、时效性、适用性等维度
		考察资源使用效率，如资源访问频率、使用时长、重复利用率
		教学效果提升，通过对比使用特定资源前后学生成绩变化、技能提升情况、科研产出增长等指标，综合判断资源效益

3.5.2 学生就业情况指数

学生就业情况指数反映了管理部门对学生的管理和对学生就业的服务。学生就业情况跟踪指数是用于全面、系统地衡量和反映学生毕业后就业状况及相关情况的综合指标，可为教育管理部门、学校等提供重要的决策依据。学生就业情况指数旨在综合反映学生从学校走向社会后，在就业市场中的整体表现和发展态势，体现了学校在人才培养与就业服务等方面的成效，也能在一定程度上反映就业市场的需求和变化趋势。

具体而言，学生就业情况指数由以下数据来源构成：（1）就业水平指标。这一数据来源涵盖就业质量、数量与层次，反映毕业生就业匹配度、规模及在就业市场的起点与机会获取情况。（2）就业稳定性指标。这一数据来源通过离职率和在职时长，体现毕业生工作稳定性，反映其就业的适应性及与企业契合状况。（3）就业服务满意度指标。这一数据来源考察对学校就业指导、信息推送及招聘活动组织的满意程度，衡量就业服务质量。（4）职业发展潜力指标。这一数据来源评估毕业生未来职业上升及成长的可能性。学生就业情况指数的指标体系及其解释框架如表 10 所示。

表 10　　**学生就业情况指数的指标体系及其解释框架**

一级指标	二级指标	指 标 解 释
就业水平指标	就业率	毕业生在一定时间内实现就业的比例，是衡量就业情况的最基本指标，通常分为初次就业率和年终就业率等
	就业质量	就业质量包括工作与专业的对口程度、薪资待遇、职业发展前景等方面。例如，工作与专业对口率高，说明学校的专业设置和人才培养与市场需求契合度高；薪资待遇能反映毕业生在就业市场上的价值和竞争力；职业发展前景则涉及晋升机会、培训机会等，体现了工作的可持续发展性
就业稳定性指标	离职率	离职率是指毕业生在一定时间内离开第一份工作的比例。较低的离职率通常表示毕业生对工作的满意度较高，就业稳定性较好，也反映出学校在职业指导和学生职业素养培养方面的成效

续表

一级指标	二级指标	指标解释
就业稳定性指标	平均在职时间	平均在职时间是指毕业生在第一份工作岗位上的平均工作时长。较长的平均在职时间说明就业稳定性强，毕业生能够较好地适应工作环境和岗位要求
就业服务满意度指标	对学校就业指导服务的满意度	涵盖学校开展的就业讲座、职业规划指导、简历制作培训、面试技巧辅导等服务内容。学生对这些服务的满意度越高，说明学校在就业指导方面的工作越到位，对学生就业的帮助越大
	对就业信息提供的满意度	主要考察学校提供的就业信息是否丰富、准确、及时，是否能够满足学生的就业需求。例如，学校就业网站或公众号发布的招聘信息数量、质量以及与学生专业的匹配度等，都会影响学生对就业信息提供的满意度
职业发展潜力指标	职业晋升情况	职业晋升情况是指毕业生在工作一定时间后获得的职位晋升情况，如是否晋升为团队主管、项目经理等。职业晋升情况反映了毕业生的工作能力和职业发展潜力，也能从侧面体现学校培养的学生是否具有可持续发展的能力
	职业技能提升情况	职业技能提升包括毕业生在工作中参加的培训、获得的职业资格证书、技能等级提升等情况。这表明毕业生在工作中不断学习和成长，能够适应行业发展和职业要求的变化，也是衡量学生职业发展潜力的重要指标

3.5.3　教师教学情况评价指数

教师教学情况评价指数反映的是管理部门对老师的管理。教师教学质量是指对教师在教学过程中所展现出的教学能力、实现的教学效果以及达到的教学水平的客观评定。

教师教学情况评价指数由以下数据来源构成：（1）教师教学质量评价指数。这一数据来源综合考量教师教学能力、效果与水平，全面反映教学质量。（2）课堂教学有效性指标。这一数据来源衡量教师在课堂上，能否高效利用时间，让学生有效获取知识、提升技能，达成教学目标。（3）教学方法创新性指标。这一数据来源关注教师是否突破传统，采用新颖独特的教学方法，激发学生兴趣，提升教学的吸引力与实效性。（4）教学效果达成性指标。这一数据来源聚焦教学活动是否达成预期目标，学生在知识、能力、素养等方面是否取得相应进步与发展。（5）教学态度敬业性指标。这一数据来源考察教师对教学工作的专注投入、责任心，以及对学生关怀引导、严谨治学等方面的表现。教师教学情况评价指数的指标体系及其解释框架如表 11 所示。

表 11　　**教师教学情况评价指数的指标体系及其解释框架**

一级指标	二级指标	指标解释
教师教学质量评价指数	教学准备的充分性	考察教师教案是否涵盖教学目标、教学重难点、教学方法、教学过程、教学资源、教学反思等关键要素。定期抽查教师教案，组织专家依据上述标准打分，查看教案更新频率，统计优秀教案比例，评估教案设计完整性
	教学资料更新及时性	关注教师所使用的教材、课件、案例库、参考文献等教学资料是否紧跟学科前沿、教育政策变化及学生认知特点更新。对比不同学期教学资料版本，查看教师参加学术会议、培训进修记录，了解其获取新知识、新资料的渠道与频率，调查学生对教学资料新颖性的反馈，综合判断教学资料更新的及时性

续表

一级指标	二级指标	指标解释
课堂教学有效性指标	知识传授的准确性与深度	衡量教师讲解知识是否准确无误，概念是否阐述清晰，原理是否阐述透彻，是否出现科学错误。通过课堂观察、学生作业批改、阶段性测验等方式评估
	课堂互动氛围的活跃度	师生互动包括教师提问频率与质量，提问能否激发学生思考，引导学生主动探索知识；教师对学生回答的反馈及时性、鼓励性，是否尊重学生不同观点，营造宽松交流环境；教师能否灵活应对学生提问，答疑解惑，展现扎实的专业功底
		师生互动关注小组讨论组织是否具有有效性，小组划分是否合理，讨论主题是否明确，学生参与积极性如何，能否在讨论中相互启发、共同进步；课堂辩论、角色扮演等活动开展情况，是否为学生创造更多交流合作机会，培养团队协作与表达能力。借助课堂互动软件（如有）实时监测互动数据，如提问次数、回答参与率、小组讨论时长等，结合课堂观察员记录、学生课后反馈，综合评价课堂互动氛围活跃度
教学方法创新性指标	新型教学模式应用情况	考察教师是否积极尝试应用线上线下混合式教学、项目式教学、翻转课堂、情境教学等新型教学模式，打破传统单一讲授模式局限。查看教师教学计划、课程设计方案，了解新型教学模式应用占比；走进课堂观察实际教学过程，评估模式应用效果；收集学生对不同教学模式的体验反馈，综合判断教师新型教学模式应用情况
	个性化教学策略的实施程度	关注教师能否根据学生个体差异，如学习能力、学习风格、兴趣爱好、知识基础等，制定并实施个性化教学策略。通过学生学习档案分析、课堂表现观察、学生访谈等方式，了解教师个性化教学策略实施情况

续表

一级指标	二级指标	指标解释
教学效果达成性指标	学生学业成绩提升幅度	对比分析教师所教班级学生前后学期或学年的学业成绩变化情况，衡量教学对学生知识掌握程度的提升效果。依托学校教务系统，获取学生历年学业成绩数据，运用统计分析软件进行数据处理，绘制成绩变化趋势图，结合教学内容、教学方法调整等因素，综合评估学生学业成绩提升幅度与教师教学相关性
	学生综合素养发展水平	考察教学对学生除知识技能外的综合素养，如思维能力、创新能力、实践能力、团队协作能力、沟通表达能力等的培养效果。建立学生综合素养跟踪档案，收集学科竞赛获奖名单、实习实训评价、创新创业项目申报书等资料，结合教师教学过程记录、课堂观察报告，多维度评估学生综合素养发展水平与教师教学的内在联系，全面反映教学效果达成性
教学态度敬业性指标	教学出勤的准时性	严格监控教师上课出勤情况，确保教师按时到岗，不得迟到、早退、旷工。依托学校教务管理系统、教室考勤设备（如有），实时记录教师出勤信息，定期生成出勤报表，对出勤异常教师及时警示、约谈，保障教学秩序正常运行
	课后辅导的耐心程度	考量教师课后为学生答疑解惑、辅导学生学习的耐心与付出。通过学生问卷调查、访谈，了解教师课后辅导情况，统计教师每周平均答疑时间，查看辅导记录、学生反馈邮件等资料，综合评价教师课后辅导的耐心程度

3.5.4 专业建设发展指数

专业建设发展指数反映了管理单位对专业建设的管理情况。专业发展是指一个学科为提升专业素质、促进学科发展而采取的各项措施和行动的总体情况和发展趋势。

专业建设发展指数涵盖了学科内部各方面的专业建设活动，由以下数据来源构成：(1) 师资队伍变化指标。这一数据来源直接体现该专业的师资队伍发展态势。(2) 科研成果积累指标。这一数据来源展现专业科研实力与创新能力。(3) 专业起源背景指标。这一数据来源是为专业发展提供历史脉络与基础依据。(4) 学习能力适配指标。这一数据来源衡量专业课程体系、教学方法与学生学习能力的契合度。(5) 人才培养跟踪指标。这一数据来源关注毕业生就业、深造及职业发展等情况，检验专业人才培养质量与市场需求的匹配度。专业建设发展指数的指标体系及其解释框架如表 12 所示。

表 12　**专业建设发展指数的指标体系及其解释框架**

一级指标	二级指标	指标解释
师资队伍变化指标	职称结构变迁情况	追溯专业创立初期师资队伍的职称构成，如助教、讲师、副教授、教授各自占比，分析其能否满足当时基础教学与初步科研探索需求。随着专业的发展，观察不同阶段职称晋升情况，查看晋升速度、各职称层次比例动态变化
		对比同期同类专业师资职称结构，判断本校专业在师资职称发展上的竞争力与适应性，凸显职称结构优化对专业发展的支撑作用
	骨干力量引领情况	梳理专业发展历程中骨干教师、专业带头人的更迭轨迹，了解初代骨干教师凭借何种专业特长、教学科研成果为专业奠基
		对比不同时期骨干力量在行业内的影响力，如发表高影响因子的论文数量、受邀参加国际学术交流的频次，评估其为专业提升知名度、拓展学术视野的成效，彰显骨干核心驱动价值

续表

一级指标	二级指标	指 标 解 释
科研成果积累指标	成果数量增长情况	从专业创建开始，统计历年教师发表学术论文、出版专著、获批专利等科研成果数量，以时间轴呈现增长趋势，直观展现专业科研生产力的提升过程
	成果质量进阶情况	评估成果质量可借助学术评价指标，如期刊影响因子、专利引用频次、专著同行评议结果等
专业起源背景指标	社会需求导向情况	通过查阅历史档案、政策文件、行业报告，追溯专业设立如何精准响应社会痛点，从解决就业岗位短缺到满足新兴产业人才缺口，明确专业初始使命与社会担当
		对比不同地区院校同类专业因地域需求差异诞生背景，如沿海地区因外向型经济发展早，以国际贸易专业起步的特色，剖析本校专业在全国一盘棋中的独特定位与区域适配性
	学科交叉衍生情况	从师资跨学科组建、课程跨领域设置到实验设施共享共用等方面出发，剖析专业是否源于多学科交叉融合
学习能力适配指标	基础能力培养情况	依据专业创立早期课程体系、教学大纲，梳理针对新生所需基础学习的能力要求
		对比不同年代基础课程难度、内容侧重点变化，适应知识更新与学生群体特征演变，保障基础能力培养与时俱进
	进阶能力拓展情况	随着专业发展，跟踪各阶段对学生高阶学习能力诉求变化，如高年级专业课程要求学生具备科研创新、团队协作、复杂问题解决能力
人才培养跟踪指标	内部质量把控情况	回顾专业发展全程人才培养质量监控体系构建与完善过程，从早期简单的课程考试成绩分析，到中期引入教学督导听课、学生评教制度，再到成熟阶段多元综合评价涵盖课堂表现、实践成果、论文质量等全方位考核。查看各阶段质量监控文件、制度修订记录，分析监控指标细化、权重调整背后的人才培养导向转变

续表

一级指标	二级指标	指标解释
人才培养跟踪指标	外部反馈追踪情况	收集用人单位不同阶段评价意见，从初创期关注学生基础技能掌握，到发展期看重专业知识应用、职业素养，再到成熟期聚焦创新能力、团队协作精神
	课程性质优化情况	剖析专业课程体系从创立之初必修课、选修课比例设置的合理性，观察随着专业发展，为拓宽学生知识面、满足个性化需求，选修课如何丰富拓展，如将新兴交叉学科课程、前沿专题讲座纳入选修范畴
	教材更新迭代情况	以教材为窗口洞察专业知识更新步伐，统计专业教材修订次数、频率，分析从早期的多为知识纠错、排版优化，逐渐向内容体系重构、前沿知识融入转变

3.6 评价发展画像的基本维度与指标阐释

评价发展画像聚焦于该专业本身，从专业发展指数、师资力量指数、就业潜力指数和社会影响力四个维度，描绘了该专业的发展情况。专业发展指数描绘了该专业的发展情况；师资力量指数则体现了该专业的教师质量；就业潜力指数体现了该专业所培养的人才质量，社会影响力指数则从综合维度展现了该专业的影响力。评价发展画像提供了关于专业的发展趋势和社会影响力等信息，帮助学生了解该专业在未来的发展前景和市场需求，有助于他们更好地选择符合自身兴趣和职业规划的专业方向。

3.6.1 专业发展指数

专业发展指数体现了该专业本身学科建设的发展情况，是指该专业为提升专业素质、促进学科发展而采取的各项措施的总体情况和发展趋势。

专业发展指数由以下数据来源构成：（1）教资队伍指标。这一数据来源反映师资的专业水平、教学实力与引领能力，为专业教学质量和发展提供人力基础参考。（2）教师成果与荣誉指标。这一数据来源反映专业的学术水平、创新能力及在行业内的影响力，为专业发展增添声誉与资源。（3）专业背景和目标指标。这一数据来源为专业发展方向提供依据，有助于保持专业特色，与社会需求相契合。（4）学生学习能力要求指标。这一数据来源界定学生应具备的知识、技能与素养，引导教学内容和方法的设计，确保培养出符合专业定位和市场需求的人才。（5）人才培养质量监控指标。这一数据来源对人才培养全过程进行监测和评估，及时发现问题、调整策略，保障和提升专业人才培养的质量和水平。（6）课程性质指标。这一数据来源反映了课程的内容、深度和教学方式，影响学生的知识结构和能力体系构建，是专业知识传承和学生培养的核心载体。（7）教材建设指标。优质的教材是教学的重要资源，反映专业知识的系统性和前沿性，有助于规范教学内容，提升教学效果，推动专业知识的传播与发展。（8）用人单位评价指标。这一数据来源描绘的是从市场角度反馈学生的综合素质和专业能力，为专业调整教学内容、改进培养模式提供依据，增强专业与市场的契合度。（9）毕业生就业去向指标。这一数据来源描绘的是通过优秀毕业生去向和毕业薪资，直观反映专业的就业竞争力和社会认可度，为专业招生、人才培养方案调整提供参考，促进专业持续发展。

专业建设发展情况指标的数据来源构成丰富，因此能更加综合地反映管理部门的管理保障工作效果。专业发展指数的指标体系及其解释框架如表13所示。

表13 专业发展指数的指标体系及其解释框架

一级指标	二级指标	指标解释
教资队伍指标	教师学历结构	统计具有博士学位、硕士学位的教师占教师总数的比例变化情况。高学历教师比例的提升通常意味着专业师资队伍在知识深度和学术研究能力方面的增强
	骨干教师与专业带头人	确定专业内骨干教师和专业带头人的数量、质量及其在专业建设中的作用。骨干教师通常在教学、科研方面表现突出，专业带头人则对整个专业的发展方向具有引领作用
教师成果与荣誉指标	研究成果	统计教师在学术论文发表、科研项目申请、著作撰写等方面的成果数量和质量。学术论文的级别（如SCI、EI等收录情况）、科研项目的级别（国家级、省部级等）及其影响力是衡量研究成果的重要方面
	个人成就与荣誉	统计教师获得的各种教学、科研奖项和荣誉称号，如教学名师奖、科研成果奖等
专业背景和目标指标	专业背景	涉及专业的历史沿革、学科基础、在学校学科体系中的地位等背景信息。了解专业背景有助于明确其发展的根基和特色
	专业设立目标	明确专业设立目标是为了满足社会的对何种人才的需求、服务于哪些行业领域等目标导向内容

续表

一级指标	二级指标	指 标 解 释
学生学习能力要求指标	知识获取能力	自主学习能力。学生能够主动规划学习路径，独立设定学习目标，并依据自身情况制订学习计划的能力。在信息爆炸的时代，知识不断更新，学生不能仅依赖教师课堂传授，须具备主动探索新知识的意识与能力
		信息检索与整合能力。学生要能够从海量信息中，准确筛选出与专业学习相关的有效信息，并对其进行归纳、整理与提炼，转化为自身知识体系的一部分
		知识理解与记忆能力。学生不仅要接受知识，更要深入理解其本质、原理及内在逻辑，并能有效记忆，以便在需要时灵活运用
	思维分析能力	逻辑思维能力。学生能够遵循逻辑规则，对问题进行分析、推理和判断，包括演绎推理、归纳推理、类比推理等。逻辑思维能使学生的思考具有条理性和严密性
		批判性思维能力。学生对所学知识、观点不盲目接受，而是以审慎、质疑的态度进行分析和评估，能够识别其中的优点与不足，并提出独立见解。批判性思维能鼓励学生突破常规思维局限
		创新思维能力。学生能够突破传统思维模式，提出新颖独特的想法和解决方案，具有敏锐的观察力、丰富的想象力和勇于探索的精神。创新思维是推动学科发展和社会进步的重要动力
	实践操作能力	实验操作能力。通过实验操作，学生可将理论知识与实际相结合，加深对知识的理解，培养严谨的科学态度。例如，化学专业学生通过实验操作，掌握物质的性质和化学反应规律，为科研和生产实践奠定基础

续表

一级指标	二级指标	指标解释
学生学习能力要求指标	实践操作能力	专业技能应用能力。学生若能够将所学专业知识转化为实际工作中的专业技能，将增强其毕业后的就业竞争力，并使之能够快速适应工作岗位，为企业创造价值
		项目实践能力。学生能够参与完整的项目流程，从项目策划、方案设计、组织实施到项目评估，具备团队协作、资源管理、问题解决等综合能力
人才培养质量监控指标	质量监控体系	包括教学质量评估机制、学生学习效果评估、课程考核方式等方面，用于监督和保障人才培养质量。及时发现教学过程中的问题，调整教学策略，确保人才培养符合专业要求
	反馈与改进	对质量监控过程中收集到的反馈信息进行分析和利用，如学生对教学的意见、用人单位对毕业生的反馈等，以持续改进专业建设。形成闭环的质量保障体系，不断优化人才培养模式
课程性质指标	课程类型分布	分析专业课程中理论课、实践课、必修课、选修课等不同类型课程的比例和结构。合理的课程类型分布有助于培养学生全面的知识和技能体系，满足不同学生的学习需求
	课程的前沿性和实用性	评估课程内容是否紧跟学科前沿发展，是否具有实际应用价值，是否能够使学生学以致用。确保学生所学知识与社会需求和学科发展同步，增强学生的就业竞争力
教材建设指标	教材修订频率	统计教材修订的次数和周期，反映教材内容更新的及时性。及时更新教材内容，将新知识、新技术融入教学，保证教学内容的新颖性
	教材适用性	评估教材是否符合专业教学大纲要求、是否适合学生的学习水平和专业发展需求。选择合适的教材有助于提高教学效果，促进学生对专业知识的理解和掌握

续表

一级指标	二级指标	指标解释
用人单位评价指标	评价维度多样性	从不同行业、不同规模公司、不同岗位要求等多维度收集用人单位对学生的评价，包括专业知识、实践能力、团队协作等方面。直接反映专业人才培养与社会需求的契合度，为专业建设提供外部视角的改进建议
	评价结果的应用	将用人单位的评价结果用于专业课程调整、人才培养方案修订等专业建设环节。根据社会实际需求及时调整专业建设，提高人才培养质量
毕业生就业去向指标	就业去向分布	分析毕业生在不同行业、地区、单位性质（如国企、外企、民企等）的就业分布情况，了解专业人才的流向。为专业发展战略规划提供参考，如调整课程设置以适应主要就业行业的需求
	优秀毕业生与薪资水平	追踪优秀毕业生的职业发展路径，统计毕业生的平均薪资水平，作为衡量人才培养质量和专业吸引力的重要指标。优秀毕业生的发展可以激励在校学生，同时薪资水平也在一定程度上反映了专业在就业市场中的竞争力

3.6.2 师资力量指数

师资力量指数体现了专业的教师质量，是评估一个学校或专业的教师团队的水平和素质的指标。这个指数包括教师的资质、教学经验、研究成果等内容。优秀的师资力量可以提高学生的学习体验和教育质量。

师资力量指数由以下数据来源构成：（1）教师胜任力指数。这一数据来源衡量教师教学表现，为教学改进提供方向，保障学生学习效果。（2）教师资质指标。这一数据来源描绘的是教师具备相应教学能力与专业知识储备的基本情况，能够提供教学质量基础保障，体现专业的建设发展水平，助力专业学科建设。（3）教师科研成就指标。这一数据来源体现教师在学术研究方面的创新能力与贡献，有利于推动学术创新，反哺教学内容，提升学校声誉。师资力量指数的指标体系及其解释框架如表 14 所示。

表 14　**师资力量指数的指标体系及其解释框架**

一级指标	二级指标	指标解释
教师胜任力指数	教学方法多样性	衡量教师在教学过程中运用多种教学方法的能力与频率。例如，除传统讲授法外，是否能灵活运用案例教学法、小组讨论法、项目式学习法、探究式教学法等，以满足不同学习风格学生的需求，提升教学效果
	教学内容驾驭能力	考察教师对所授课程教学内容的精通程度，包括能否准确把握重点、难点，将复杂知识简单化，深入浅出地传授给学生，以及是否能及时更新教学内容，融入学科前沿知识和行业最新动态
	课堂管理与互动能力	体现教师维持良好课堂秩序、营造积极学习氛围，以及有效引导学生参与课堂互动的能力
	教学效果达成程度	依据学生在知识掌握、技能提升、思维发展等方面的表现，来评估教师教学目标的达成程度
教师资质指标	职称结构合理性	分析专业教师队伍中不同职称（如教授、副教授、讲师、助教）的比例关系，合理的职称结构有助于教学与科研工作的有序开展，发挥各职称层次教师的优势
	骨干教师影响力	评估骨干教师在专业教学、科研以及团队建设等方面所发挥的引领和示范作用。如骨干教师参与课程开发、指导青年教师、主持教学改革项目等方面的成果与贡献

续表

一级指标	二级指标	指标解释
教师资质指标	专业带头人引领力	考量专业带头人在把握专业发展方向、制定专业建设规划、开展高水平科研项目以及提升专业知名度等方面的引领能力。例如，专业带头人是否能够带领团队开展具有前瞻性的研究，推动专业与行业前沿接轨
教师科研成就指标	科研项目成果	统计教师承担科研项目的数量、级别（如国家级、省部级、横向项目等）以及项目的完成质量和影响力。高级别的科研项目及突出的研究成果反映了教师在学术研究方面的实力
	学术论文发表	分析教师发表学术论文的数量、期刊层次（如 SCI、EI、CSSCI 等收录情况）、影响因子以及论文的引用次数等。高质量的学术论文是教师科研能力的重要体现
	个人成就与荣誉	涵盖教师获得的各类教学、科研奖项，荣誉称号（如教学名师、优秀科研工作者等），以及在专业领域内获得的其他重要认可。这些成就和荣誉反映了教师在教学与科研方面的突出表现

3.6.3 职业潜力指数

职业潜力指数体现了该专业所培养的人才情况，能评估一个专业在当前和未来就业市场中的发展前景和潜力。

职业潜力指数由以下数据来源构成：(1) 用人单位评价指标。这一数据来源描绘的是管理部门从用人单位的角度出发跟踪学生的就业情况，以此了解学生的专业知识、技能及综合素质在实际工作中的表现。(2) 毕业生就业去向指标。这一数据来源描绘的是管理部门跟踪学生就业的情况。

(3) 市场需求指标。这一数据来源描绘的是当前及未来市场对该专业相关人才在数量、质量、专业技能及知识结构等方面的需求态势。(4) 职业适应性指标。这一数据来源描绘的是该专业毕业生对不同类型职业、工作环境、工作内容及职业发展变化的适应能力与程度，体现专业人才的职业灵活度。(5) 薪资与晋升潜力指标。这一数据来源描绘的是该专业毕业生在职业生涯中薪资增长的可能性与幅度，以及获得职位晋升机会的潜力，反映职业发展的经济回报与上升空间。(6) 专业声誉与校友网络指标。这一数据来源描绘的是该专业在行业内的知名度、认可度，以及校友资源所形成的网络对毕业生职业发展在人脉拓展、经验分享、合作机会等方面的潜在助力。就业潜力指数的指标体系及其解释框架如表 15 所示。

表 15　**就业潜力指数的指标体系及其解释框架**

一级指标	二级指标	指标解释
用人单位评价指标	专业知识与技能评价	用人单位对毕业生专业知识掌握程度以及运用专业技能解决实际工作问题能力的评价。这涉及毕业生在学校所学专业知识与实际工作需求的契合度，如是否具备扎实的理论基础、熟练的操作技能等
	综合素质评价	考量毕业生除专业知识与技能外的综合素质，包括沟通能力、团队协作能力、学习能力、创新能力、责任心等。这些素质在工作中对个人职业发展及团队协作效果有着重要影响
	职业素养评价	考量毕业生除专业知识与技能外的综合素质，包括沟通能力、团队协作能力、学习能力、创新能力、责任心等。这些素质在工作中对个人职业发展及团队协作效果有着重要影响

续表

一级指标	二级指标	指 标 解 释
用人单位评价指标	行业适应性评价	评估毕业生对所在行业的适应能力，包括对行业文化、行业发展趋势的理解和适应速度
	岗位匹配度评价	评估毕业生在具体岗位上的表现与岗位要求的匹配程度。包括专业技能、工作经验、个人能力等方面与岗位的契合情况，这直接关系到毕业生在岗位上的工作效率和职业发展
毕业生就业去向指标	就业行业分布	统计毕业生就业的行业领域分布情况，了解专业人才在不同行业的流向。通过行业分布，可以看出专业与哪些行业的关联度较高，以及行业的多样性，反映专业在不同领域的就业潜力
	就业单位性质与规模	分析毕业生就业单位的性质（如国有企业、民营企业、外资企业、事业单位等）和规模（大型企业、中型企业、小型企业）。不同性质和规模的单位在工作环境、发展机会、薪酬待遇等方面存在差异，反映出专业人才在不同类型单位的受欢迎程度和职业发展机会
	优秀毕业生去向	关注优秀毕业生的就业选择，包括他们进入的企业、机构或深造的院校等。优秀毕业生的去向往往具有一定的导向性，能够反映出专业在高端就业市场或深造领域的竞争力
	职业晋升情况	跟踪毕业生在就业后的职业晋升速度和层级，如从基层岗位晋升到管理岗位的时间、获得的专业技术职称提升等。职业晋升情况体现了毕业生在职业生涯中的发展潜力和成长空间
市场需求指标	行业人才缺口	这一指标主要衡量特定专业所对应的行业在目前和未来一段时间内，人才供给与实际需求之间的差距。通过对行业报告、人力资源机构数据以及政府部门发布的劳动力市场信息等进行分析，来确定人才短缺的数量规模

续表

一级指标	二级指标	指标解释
市场需求指标	行业增长趋势	反映专业所服务行业的整体发展态势，包括市场规模的扩张速度、业务领域的拓展方向以及新技术、新模式的应用情况等。行业快速增长通常意味着对该专业人才的持续需求增加
	岗位需求多样性	用于评估该专业能够适配的岗位种类和数量。岗位需求多样性丰富说明该专业的人才培养具有较广泛的适用性，学生毕业后有更多的职业选择机会
职业适应性指标	跨行业适用性	衡量专业人才在不同行业之间转换工作的容易程度。如果一个专业培养的人才能够在多个行业找到合适的岗位，说明其具有较强的跨行业适应性，职业潜力更有保障
	技能更新能力	反映该专业人才学习和掌握新知识、新技能的速度和效率。在快速变化的技术和市场环境下，具备良好的技能更新能力可以使专业人才更好地适应职业发展的需求，保持职业竞争力
	职业转换的灵活度	关注专业人才在同一行业内不同岗位之间转换的灵活性。这涉及人才的综合素质，如基础知识的广度、沟通协作能力、解决问题的能力等，能够灵活转换职业角色的人才可以更好地应对市场变化和个人职业发展需求
薪资与晋升潜力指标	起薪水平	指该专业毕业生初次就业时的平均工资水平。起薪水平在一定程度上反映了市场对该专业人才的价值认可程度，较高的起薪通常意味着该专业在就业市场上有较强的竞争力和较好的职业前景
	薪资增长空间	评估该专业人才在职业生涯中工资增长的潜力和速度。这与专业的技术含量、行业的利润水平、人才的稀缺程度等因素密切相关。薪资增长空间大的专业能够为人才提供更好的经济回报，吸引更多人才投身该专业领域

续表

一级指标	二级指标	指标解释
薪资与晋升潜力指标	晋升机会	衡量专业人才在职业发展过程中获得职务晋升的可能性和晋升渠道的畅通程度。包括晋升的频率、晋升的层级以及晋升所需的条件等方面。晋升机会多的专业可以激发人才的工作积极性，促进其职业成长
专业声誉与校友网络指标	专业排名与认可度	体现该专业在同类专业中的地位和声誉，包括在学术领域的评价（如学科评估排名）、行业内的认可度（如企业对专业人才培养质量的评价）以及社会公众的认知程度等方面。较高的专业排名和认可度有助于吸引优质资源，提升毕业生的就业竞争力
	校友职业成就	考察该专业已毕业校友在职业领域取得的成绩，如担任高级职务、获得重大奖项、创立成功企业等情况。优秀的校友职业成就可以为在校学生提供榜样力量，同时也能提升专业的声誉和影响力，拓宽职业发展渠道
	校友网络资源	主要指校友之间相互联系、交流、合作以及为彼此提供职业支持的资源网络。一个活跃且强大的校友网络可以为专业人才提供就业信息共享、职业推荐、行业洞察等诸多帮助，促进职业发展

3.6.4 社会影响力指数

社会影响力指数体现了该专业的影响力，是评估一个专业在社会中的影响力和声誉的指标。一个专业的社会影响力越高，该专业能动用的社会资源也就越丰富，专业师生的社会认可度也越高。因而这一指标可以综合、客观地反映出该专业发展的情况。

社会影响力指数由以下数据来源构成：(1) 宣传推广力指标。这一数据来源描绘的是通过制作宣传片等方式，向社会全面、生动展示专业或学校的总体情况，进而提升知名度与影响力，吸引社会关注的能力。(2) 人才培养质量指标。这一数据来源描绘的是学校在培养学生的过程中，使其在知识、技能、素养等方面达到的水平，体现该专业为社会输送优质人才，对社会发展产生积极影响的成效。(3) 专业教学计划学时指标。这一数据来源描绘的是学校专业为达成教学目标，在教学内容传授、实践活动安排等方面规划的时间投入，侧面反映专业教学的深度与广度对社会影响力的潜在支撑。(4) 毕业生就业指标。这一数据来源描绘的是专业毕业生在就业市场的表现，包括就业方向、就业质量等，展现专业培养成果在社会中的实际应用及受认可程度。(5) 用人单位评价指标。这一数据来源描绘的是用人单位基于对毕业生工作表现的观察，对专业教学质量、人才适用性等方面的反馈，体现专业在满足社会需求方面的成效与口碑。社会影响力指数的指标体系及其解释框架如表 16 所示。

表 16　　社会影响力指数的指标体系及其解释框架

一级指标	二级指标	指标解释
宣传推广力指标	宣传片质量与传播效果	评估宣传片在内容呈现、制作水平以及传播范围和影响力方面的表现。高质量的宣传片能够生动、全面地展示专业特色、优势和成果，有效吸引潜在受众关注，提升专业知名度
	宣传内容的针对性与吸引力	考察宣传片内容是否精准针对目标受众（如潜在学生、家长、用人单位、社会公众等），突出专业核心价值与独特卖点，引发观众兴趣和共鸣，进而影响他们对专业的认知和评价

续表

一级指标	二级指标	指 标 解 释
人才培养质量指标	质量监控体系完善度	衡量专业人才培养质量监控体系的完整性、科学性和有效性。完善的监控体系应涵盖教学过程的各个环节，从课程设置、教学方法到考核评价，确保人才培养符合预定目标和标准
	质量监控结果反馈与改进	关注通过质量监控收集到的数据和反馈信息如何被有效利用，推动专业教学改进和人才培养质量提升。及时、合理的反馈与改进机制体现了专业对自身发展的积极态度和适应能力
专业教学计划学时指标	总学时的合理性	评估专业教学计划总学时设置是否符合专业培养目标和学生学习规律，既保证学生有足够时间系统学习专业知识，又避免学时过长或过短对学习效果产生不利影响。合理的总学时安排有助于提高教学效率和人才培养质量
	实践学时占比	考察实践学时在专业教学计划总学时中所占的比例。实践教学对于培养学生的实际操作能力、创新能力和解决问题能力至关重要，较高的实践学时占比体现了专业对实践教学的重视程度和对学生实践能力的培养力度
毕业生就业指标	就业行业分布广度	统计毕业生就业的行业领域数量和多样性，反映专业培养的人才在不同行业的适应性和竞争力。广泛的就业行业分布表明专业具有较强的通用性和社会需求基础，能够为不同行业输送专业人才，提升专业的社会影响力
	优秀毕业生影响力	关注优秀毕业生在其工作领域取得的突出成就和社会贡献，如获得重要奖项、担任领导职务、推动行业创新等。优秀毕业生的成功案例能够为专业树立良好形象，吸引更多关注和资源，提升专业的社会声誉

续表

一级指标	二级指标	指标解释
毕业生就业指标	毕业薪资竞争力	对比该专业毕业生平均薪资与同地区、同层次院校相关专业以及当地就业市场平均薪资水平，评估专业毕业生在就业市场上的薪资竞争力。较高的薪资水平反映了市场对专业人才价值的认可，间接体现了专业的社会影响力
用人单位评价指标	专业知识与技能评价	汇总不同行业、规模公司及不同岗位用人单位对毕业生专业知识和技能掌握程度的评价，了解专业教学内容与实际工作需求的契合度，评估专业在培养学生专业能力方面的成效
	综合素质评价	综合考量用人单位对毕业生在沟通能力、团队协作能力、学习能力、创新能力、责任心等综合素质方面的评价。这些素质在工作中对个人职业发展和团队协作至关重要，反映了专业对学生全面发展的培养效果
	人才适用性与忠诚度评价	评估用人单位对毕业生在岗位上的适用性和对企业的忠诚度。适用性高意味着毕业生能够快速适应工作环境和岗位要求，为企业创造价值；忠诚度高则有助于企业人才队伍的稳定发展。这两个方面的评价反映了专业人才培养对企业实际需求的满足程度

4. 展望篇

4.1 基于数据的学生评价未来发展趋势

信息技术的迅速发展与互联网的广泛普及，使得在线学习教育已经成为教育领域的重要组成部分。近年来，高校在线学习平台得到了前所未有的关注和应用，是学生学习的重要工具。学生评价始终是教育过程中的重要环节，同样也在经历着深刻的变革，数据显然已经成为基于数据的评价不可或缺的资源。教育数据的收集、处理、分析日益便捷，能够为教育的个性化、精准化发展创造良好条件。高校在学生评价的过程中可以探索绘制“学生评价五育雷达图”，五育满分均为 100 分，单项均在 75 分以上且学习成绩排班级前 30%的为优秀等次。① 基于数据的学生评价，作为在这一背景下应运而生的新型评价方式，主要是通过全面收集和系统分析学生在学习过程中的各类数据，以便为教育者、学生、家长提供更为准确、更加深入的学习状况反馈，推动教育的持续发展创新和学生的全面发展。

基于数据的学生评价，并不是将学生的考试成绩作为唯一评价标准，而是将学生的学习态度、课堂参与度、作业完成情况、课外活动参与、创新能力等多方面内容都纳入评价体系之中。这些数据通过全方位收集、整理和分析等方式，逐渐形成一个全面立体的学生画像，从而助推教育者深入了解学生的个体差异与学习需求。数据分析首先需要数据清洗与预处理，利用 Python 或 R 等编程语言，通过 Pandas、NumPy 等库进行缺失值处理、

① 付泉，傅麟舒．数据赋能高校学生综合素质评价的运行机制与创新路径［J］．教育观察，2024（22）：1-3，28.

异常值检测和数据标准化等操作，确保数据的质量和一致性。① 基于数据的学生评价通过明确评价目标，弄清评价的基本目的和实际意图，了解学生的学习问题，增强评估教学效果，以制订个性化的学习计划。

同时采用合理化的评价工具和方法，根据评价的具体目标，有针对性地选择合适的评价工具与方法，如课堂观察、问卷调查、在线学习平台数据等，通过多元化渠道和方式持续收集学生的学习数据，增强数据的全面性与准确性，并且能够对收集到的数据进行系统归纳和整理，形成综合全面的学生评价报告。此外，也应注重反馈与应用的效果，确保能够将评价报告及时反馈给教育者、学生和家长，让他们可以根据评价结果制订相应的教学计划与辅导策略，激发学生的学习效能。

首先，基于数据的学生评价具有全面性。传统的学生评价只注重学生对于理论知识的掌握程度，忽视了学生在学习态度、社交能力等方面的具体表现。一般而言，“大数据”具有 4V 的特点：规模性（Volume）、多样性（Variety）、高速性（Velocity）和价值性（Value）。② 基于数据的学生评价可以涉及学生发展的多个方面，能够为学生提供更加全面系统的评价标准和评价体系，促进学生的全面发展。

其次，基于数据的学生评价具有客观性。数据的收集与分析的过程，是以客观事实为基础的，能够减少人为评价带来的主观偏见与误差。通过进行科学综合的数据分析，教育者能够准确了解学生的学习情况，为优化教学决策夯实基础。

再次，基于数据的学生评价具有个性化。每一位学生都是独一无二的

① 廖芳芳，曹子坤．计算机网络在高职学生综合素质评价数据采集中的应用研究［J］．信息系统工程，2024（11）：135-138.

② 刘鸿雁．基于大数据技术的学生发展评价体系研究［J］．中国教育技术装备，2024（17）：45-47，53.

个体，他们的学习风格、学习兴趣以及学习能力都存在差异性。基于数据的学生评价可以按照学生的个体性差异，有针对性地提供个性化的学习建议、可行性的发展路径，从而激发学生的潜能与学习兴趣。

复次，基于数据的学生评价具有及时性。数据的收集和分析，具有实时性，教育者可以及时了解学生在学习过程中出现的困难，以采取有效的干预措施，从而能够避免问题的恶化。

最后，基于数据的学生评价具有预测性。教育者通过对历史数据的系统分析，能够预测学生未来的学习趋势以及在学习过程中可能遇到的问题，从而为科学制订前瞻性的教学计划与辅导策略提供现实支撑。

基于数据的学生评价虽然具备诸多优势，但在实施过程中也会面临一系列挑战，例如数据隐私保护力度不足、数据质量把控力度不足、评价结果的解读与应用能力不足等。对于这些挑战，我们必须加强数据隐私保护，加快构建完善的数据隐私保护机制，防止学生数据的隐私被泄露；注重提升数据质量和水平，通过优化数据收集方法，提升数据的准确性与可靠性，最大程度上减少数据误差。采用萨蒂研究的成果“1-9 标度法”，构建不同指标间的比较判断矩阵，用以对比两两指标间的重要程度。① 并不断增强数据解读能力，这要求教育者应具备较强的数据解读与分析能力，做到准确理解和分析评价结果，创造性地将其转化为科学的教学决策。另外，要积极主动地促进多方合作，基于数据的学生评价的发展，必须依靠教育者、学生、家长、技术人员的共同合作，凝聚成一股评价合力，共同推动学生的全面健康发展。

基于数据的学生评价作为教育评价领域的一次重要革新，以全面性、客观性和个性化等鲜明特性，为教育发展创新和学生全面成长提供了有力

① 林丽妹．基于大数据技术的高校学生心理健康动态评价体系研究［J］．齐齐哈尔大学学报（哲学社会科学版），2021（11）：181-185.

的数据支撑。然而，这一评价模式在实施过程中也面临诸多挑战，例如数据隐私保护、算法公平性以及评价标准的科学性等问题。这些问题的解决需要教育者、技术人员和各界社会力量的共同协作，以确保数据驱动的评价体系既能服务于教育目标，又能兼顾伦理与技术的平衡。随着教育数据科学与技术的持续发展，基于数据的学生评价将会持续朝着精准、高效、智能方向发力，为教育的现代化发展注入新的动能。因此，随着在线学习平台的普及，如何基于平台数据预测学生的发展趋势，是一个值得深入探讨的问题，能够为优化学生评价体系提供重要借鉴。

4.1.1 学生评价理念的现实转变

我们应充分尊重学生的主体性，让学生能够积极主动地学习知识。学生不再被视作是被动接受知识的对象，而应当是具有主观能动性的个体。学生评价的目的不是为了辨别学生的优劣，而应该是为了促进学生的德智体美劳全面健康发展。这类学生评价理念的转变，能够推动学生评价内容、评价方法以及评价主体朝着多元化方向发展。

此外，高校应注重促进价值的多元化与教育的民主化，让学生评价不仅仅是局限于学业成绩，还应当将学生的创新能力、团队合作能力、综合素养等多方面纳入评价范围。同时，评价过程也不再是教师单向评价学生，而是一个师生共同参与、携手共建的过程。

4.1.2 评价内容的全面化发展

基于数据的学生评价的发展，让我们应更加注重多元化评估，未来的学生评价应将学生的课堂表现、作业完成情况、创新思维等多方面纳入评估体系，通过在线平台了解学生的课堂参与度、提问能力和与同学的互动情况等，全面分析学生的优势和不足。此外，同终结性评估注重结果相区别，形成性评估则是更加关注于学生的学习过程，通过定期的反馈与指导，能够帮助学生及时调整学习策略，让学生有效改进学习方法。在线平台能够实时记录学生的活动情况、成绩反馈等，从而为教师提供更加精准的教学指导。未来学生评价的内容将趋向全面化，变得更加多样化与灵活化。评价内容将涵盖学生的知识掌握情况、情感、态度、价值观等多维度，为学生评价提供充足的素材与依据。

4.1.3 评价方法的多样化与灵活化发展

我们应加快在线评估平台的广泛应用。在线评估平台的出现，让评估过程变得更加便捷、高效。大数据分析技术可以对评估数据进行深度挖掘。学生能够在任何时间、任何地点参加评估实践，系统可以自动批改客观题，快速生成分析报告。

同时，要推广智能教育软件的应用。智能教育软件能够根据学生的学习能力，自动化调整和修改学习内容。以 ChatGPT 为代表的生成式人工智能的产生及快速发展再次使人们陷入对当前以知识传授、分数至上为主导的人才培养体系的担忧。① 这种具有个性化特点的学习体验，可以体现出学生的个体差异，增强学生的学习效果。另外，语音识别、图像识别等技术也能够为评估学生的口语表达能力和实践操作能力提供全新的方式。评价方法将会更加多元化、灵活化，涵盖量化评价与质性评价相结合、自我评价与他人评价相结合等方式，从而适应多样化学科、不同学生的

① 檀慧玲，王玥．论教育数字化进程中教育评价理论重塑与模式创新［J］．中国教育学刊，2025（3）：55-61．

基本要求。

4.1.4 评价主体的多元化发展

随着教育理念的快速更新，学生评价变得更加注重学生的主体性与多元化发展。评价的目的不是简单地评判学生的优劣，而应当是促进学生的全面和多元化发展。学生评价要关注学生的个体性差异与学习过程，借助数据分析为学生提供专业化个性化的建议与反馈，科学利用大数据分析技术，让平台能够实时监测学生的学习进度，提供定制化的课程内容与学习路径规划。

一方面，学生自评与互评效能强化。学生自评与互评是评价主体多元化和丰富化的体现。学生既通过在线学习平台对自己的学习情况进行深入总结，也能够对同学的学习表现进行整体性评价。这能够增强学生的自我意识与自主学习能力。另一方面，家长和社会能够共同参与合作。基于数据的学生评价也需要家长和社会的共同参与，家长能够通过在线学习平台了解孩子的学习情况，积极主动同教师进行沟通；社会能够通过在线学习平台明晰高校的学生表现和教学水平，为高校的发展提供有效反馈与建议。此外，基于数据的学生评价不仅重视使学生得出解决问题的结论，也重视得出结论的过程。通过充分了解学生在解决问题过程中的思考模式、选择策略等，不断完善其发展功能，利用反馈与指导让学生改进学习方法、增强学习效果，让他们可以更好地掌握相关知识。

4.1.5 混合式学习模式的深入发展

课堂通过线上+线下的混合学习模式进行，这种创新型学习模式十分注重技术的深度融合和深入应用，为学生提供灵活多样的学习形式。开放教育资源是在线教育发展的动力，通过有效利用开放教育资源，将为学生提供更加丰富的学习资料，系统整合全球范围内的优质教育资源，通过免费或低成本的学习方式为学生构建一个更加灵活便捷的学习模式。

虚拟现实技术的发展，将会打破实践课程在线进行的现实障碍，为学生提供一个更加逼真、沉浸式的学习体验。例如，借助虚拟现实技术模拟实验室环境，让学生在线上同样也可以进行实验操作。泰晤士高等教育“世界大学影响力榜单”（Times Higher Education University Impact Rankings, IMPACT），截至 2024 年共发布了五版。该榜单旨在以高等教育评价驱动世界高等教育机构实现基本职能履行的可持续性转型。① 随着知识的加快更新，终身学习将是现代人的基本素养。高校在线学习平台将会为学生提供更加高效的终身学习方式，加快构建终身学习体系，帮助学生不断适应时代的新要求、新变化。随着时代的发展，混合式学习模式将会持续存在且深入发展。基于数据的学生评价在这种模式下，通过课堂观察与测试相结合的方式，能够将线上和线下学习的数据相结合，为基于数据的学生评价的发展提供更加准确和全面的依据。

4.1.6 技术支撑下的个性化学习的深入开展

学习管理系统的广泛深入的综合性应用，能够实时了解学生的学习状态，根据学生的具体学习情况，为他们推荐个性化的学习资源，提供精准化的教学反馈与指导。此外，大数据和人工智能技术在学生评价中的应用将愈加广泛，全面系统地对学生学习数据进行深度分析，能够为学生提供

① 刘骥，张文静．联合国可持续发展目标下高等教育评价的绿色转向［J］．世界教育信息，2025（2）：46-57.

个性化的学习推荐系统，让他们更好地掌握知识学习技能。在信息技术的驱动下，学生、督导、教师本人等多元主体都可以参与高校教师教学质量评价，从不同视角给出具有参考价值的评价数据（称之为多源数据）。① 因此，需要提升技术设备和平台的普及程度，不同的地区与学校之间在技术设备和平台的普及程度方面具有差异性，导致教育发展不平衡的现象。人工智能技术能够应用于评价的自动化与智能化操作，提升评价的效率与准确性。例如，通过智能语音识别与自然语言处理技术，能够对学生的表达能力、写作能力进行评价，此外，机器学习算法能够对学生的作业与测试成绩进行自动评分。

我们必须加大对教育技术的投入力度，提升设备的普及率与使用率。另外，也需要强化教师的技术素养，加大培训力度，通过新型技术的应用，让教师具备相应的技术素养，不断提升他们的技术应用能力和水平。基于数据的学生评价十分强调质性评价，能够综合化统整量化评价。质性评价通过对学生的学习表现进行全面分析，揭示出学生在学习背后的深层次原因。通过提升教育的技术水平，能够为质性评价提供丰富的素材和依据。并且量化评价具有的参考价值，能够为学生建立明确的学习目标。未来基于数据的学生评价将创造性地实现质性评价与量化评价的结合，推动个性化教育的深入和发展。

基于高校在线平台数据的学生评价的未来发展趋势具有多元化、全面化、个性化、智能化等特征。这种发展趋势既可以提高教学水平与学生的学习效果，也能更好地促进学生的全面发展。这需要加强技术投入、教师培训和数据管理等方面的工作，促进学生评价工作的不断发展与完善。未来学生评价将会趋向价值多元化，促进实现民主化评价。学生评价不仅仅

① 杜元伟，毛静，傅正强．多元数据驱动下高校教师教学质量评价方法［J］．中国高校科技，2025（1）：76-82.

局限于学业成绩，还应包括学生的创新能力、团队协作能力等，通过对在线学习平台的数据进行收集与分析，能够全面了解学生的学习表现，从而为评价提供更加客观准确的依据。此外，评价过程将趋向于透明化与民主化，越来越多的学生将参与评价，积极主动地发表自己的意见与建议，提升评价的公正性与合理性。

基于高校在线平台数据的学生评价涉及的内容十分广泛和深入，包括教育理念的更新、技术应用的创新、评价体系的重构等多方面内容。随着技术的不断发展进步以及教育理念的持续创新，基于数据的学生评价将更加精准和有效，能够尊重学生主体性，重点关注学生解决问题的过程，重视评价的发展功能，促进学生全面发展，推动学生追求价值多元化，实现民主化评价，让评价内容全面化，方法多样化和灵活化。并且可以利用大数据和人工智能技术提升评价质量，通过强调质性评价，有效统整量化评价，为培养适应时代发展需求的高素质人才发挥更大作用。

此外，基于高校在线学习平台数据的学生评价拥有巨大的发展潜力，但其在实际应用过程中会面临一些困难和挑战。例如，如何增强数据的准确性与可靠性？如何有效保护学生的隐私和数据安全？如何防止数据滥用与误读？面对这些难题，我们要不断加强数据管理，通过构建严格的数据管理机制，做到定期对数据进行校验，优化隐私保护与数据安全机制，保证学生的隐私和数据安全，运用加密技术，极大程度上保护数据传输与存储过程中的安全，完善和健全权限管理制度，及时地纠正数据错误，防止数据泄露和滥用。此外，要加强数据解读和应用能力，通过加强对学习平台数据的解读能力培训，综合运用案例分析和经验分享等方式，提升教师与管理人员的数据分析能力，让他们可以更好地应用数据评价结果，为加强跨学科合作与交流夯实基础，促进不同学科之间的资源整合，为增强评价的准确性和全面性提供科学化、合理化依据。

4.2 基于数据的教育评价的可能困境

数据是当前社会发展进步的一个重要的时代表征，深刻改变着人们生产和生活的方式方法。其主要是指通过数据库软件难以获取、存储、管理的综合数据集，带有高速度、多元性和价值性等鲜明属性，必须依靠科学的技术来分析和处理。教育和信息技术的融合，深化了数据在教育管理和智慧教学等领域的应用。现如今，数据作为推动评价改革实践的驱动力，可以为评价过程提供丰富有力的数据支持，通过科学系统的数据分析和管理，能够着力于提升教育评价的精准性和实效性。然而在数据赋能教育评价的实践过程中，千万不能忽视数据伦理、主体性迷失等一系列潜在的风险。教育评价工作者必须基于人的立场，科学判断和处理好数据与人之间的关系，充分发挥数据的教育评价功能和现实价值。教育大数据作为教育评价的核心资源，大数据下的教育评价具有海量数据特征，主要体现为多源数据采集、数据实时呈现、高效数据管理在教育评价中的应用等多方面内容。

一是多源数据能够实现全过程和全方位的立体性评价。多源性作为大数据的重要特征，体现为对于教育评价全时空数据信息的采集和追踪，涵盖对于评价对象的全景式呈现。传统的教育评价往往会受到技术条件的限制，导致无法具备全面评价信息，让评价内容缺乏科学系统和强有力的信息依据，难以确保评价的有效性和专业性。建立以应用层、控制层、数据转发层为核心的 3 层网络安全态势系统架构，为保证应用层与网络设备之间信息有效传输，利用 OSGI（Open Service Gateway Initiative）设计模式对控制层的 ONOS（Open Network Operating System）控制器实施 5 层平行建构，以保障网络安全态势的决策响应。① 多源数据则能够展示之前难以观察到的学习层面，促进教育评价从基于小样本数据的经验判断，持续向基于整体性大数据的证据决策的转变。其价值性主要体现在推动教育评价活动形成时间维度上的连续性和空间维度上的全域性。

从时间维度看，多源数据能够通过传感器、视频录制技术、识别技术等各类数据获取各个环节的实时生成数据，实现过去和现在跨时空数据衔接，全方位体现了评价对象的发展历程。从空间维度看，多源数据推动数据采集渠道的丰富化、多样化，从而打破固定场所的限制，促进线上数据和线下数据的并存融合，创设多维化的评价空间。并且数据种类也更加多元化，具体表现为评价对象在学业成绩、身心健康等各个方面，集中体现评价对象的具体状态。这也意味着评价数据结构的明晰，能够打破时间和空间的阻隔，成为促进教育评价精准化的因素，为建立综合立体、全过程的评价网络夯实基础。

二是通过深度挖掘，能够形成综合化、精确化的即时评价。教育数据倘若仅对教育数据进行现状描述和浅层分析，则难以充分反映出其价值。我国教育评价仍然存在数据来源单一、数据使用缺乏深度等一系列问题，不能充分发挥评价数据的价值和功能。大数据的大容量、高速度以及多样性等特征，使数据进行深度挖掘成为可能，在经过深度挖掘之后，其所形成的结果可以集中反映出多样化模态数据之间的关联情况，通过系统分析评价对象成长和发展的规律，实现对评价成效的综合化评判。PBL（Problem-Based Learning）教学法基于“以学生为中心”的教育理念，以“问题为导向”作为其教学方法，强调以问题为基础来展开学习和教学过

① 王峥，崔冉. 基于多源数据挖掘的网络安全态势评估系统［J］. 吉林大学学报（信息科学版），2025（1）：143-149.

程，已成为国际上一种较为流行的教学方法。① 数据挖掘通常以数据信息技术手段作为现实支撑，通过对海量数据进行对比分析、分类统计等，让多样化数据形成更加具有针对性和实效性的评价数据，持续提升数据的质量，提高评价分析结果的精准度。对于丰富的评价数据，进行深度的挖掘可以从数据之间的联系中明晰其价值性，运用教育学、心理学、经济学等多学科视角进行综合性分析，让评价数据的价值得以发挥，为教育决策提供专业科学的数据依据。例如，对于教师的教学而言，通过对数据的深度挖掘，能够及时了解学生的最新动态，建立个性化学生数字画像，从而为学生提供及时反馈和评价。

三是算法作为大数据时代的重要概念，随着数据的不断积累，在一定程度上加速了算法研究的深入发展，大数据与智能化传播是基于对各类数据信息进行广泛搜集、系统整理、科学评估以及应用。智能算法需要根据用户的历史数据，运用数学算法综合分析用户的个人偏好。在教育应用领域中，倘若只是借助单一的数据分析工具难以认清数据的多维度功能，智能算法的科学应用能够促进教学管理评价的个性化和精准化。

通过算法生产教育知识，必须广泛搜集大量的数据，然后通过算法发现知识，将算法推荐应用于教育评价中，可以精确推送用户所需的数据信息。研究者基于大数据技术可以利用算法模型，利用可视化工具，从大量的数据库中精准获取相关评价信息。智能算法使用相关工具将与个体发展的有关的评价数据，用可视化图表进行输出，并从中获取个性化分析数据以及精准化反馈结果，进而全方位明晰评价对象自身的优劣之处。但是对学生个体性差异的忽视往往容易让教育评价陷入困境，无法为改善评价对

① 安静. 基于现代教育技术的高校学前教育专业“情境—问题”创设研究［J］. 中国信息化，2024（12）：36-38.

象的具体状况贡献力量。算法推荐可以提供适用于特定对象的评价内容，集中反映教育评价中的客观性差异，智能算法注重评价数据的差异性，从而能体现出评价活动的动态发展性。

四是高质量高水平的教育评价必须依靠大数据技术的支撑，但目前教育评价数据在运行过程中仍存在问题，如不同机构之间的数据缺失、数据壁垒等。随着数据管理技术的持续发展，数据管理功能借助特定技术对大量数据进行归纳、分析，让多样化的评价数据始终处于井然有序的状态。数据库是对大量数据进行系统整合、综合分析的工具，教育评价实践活动能够在信息技术的有力支撑下形成综合性评价数据库，对大量评价数据进行科学管理，大规模的教育评价必须借助互联网，促进评价体系开发和数据管理，构建专业化系统化的调查数据库，从而可以满足学生、家长、教师以及教育管理部门等对评价数据应用的多元化需求。另外，构建追踪数据库作为推动前瞻性发展评价的重要力量，是进行增值评价的必要条件，充分利用数据库可以对评价数据进行统一化管理，了解评价对象的阶段性发展，通过加强数据管理，实现对数据的系统化横向和纵向分析，有助于把握学生学业成绩的发展情况，全面评价学生的学习发展历程，形成发展性学生评价。因此，不论是教师评价还是学生评价，其始终蕴含着促进人的发展这一根本要义，在大数据管理体系的持续完善下，能够对评价对象的发展方向进行系统化规划，促进教育评价朝着前瞻性评价的方向发展。

基于数据的教育评价，特别是大数据赋能的教育评价，可以为教育发展领域带来革命性变革，让评价更具有客观性、科学性和精准性。然而，这一过程中也面临诸多的困境。人工智能时代的来临，能够让我们迅速进入数字化社会中，但是从评价数据的采集到数据的综合化分析，再到评价结果的科学运用，都将会产生难以预测的风险和挑战，大数据时代下的教育评价同时也会面临一定的数据隐忧。

4.2.1 教育评价相关人员的数据素养与技能不足

教育科研人员和学校教师的数据素养，将会直接影响着大数据的使用程度。从行政管理维度看，部门负责人通常会根据业务条线的现实需要，选择相应的数据，将其用于决策管理考核之中，碎片化和短期化数据偏多，系统性和长时段的数据则较为缺少。从教育科研维度看，相关研究人员对于数据的运用还只是停留在表面层面上，并没有看到数据的潜在价值。从学校教师维度看，教师以及相关教育管理者更容易把握量化的考试分数，但是对于教育数据蕴含的潜在价值，比如办学教育风貌的改善、师德素养的提升、学生思想道德水平的提高等，通常只是具有直观性感知，不了解怎样进行数据转化，以及创造性地将相关数据运用到教育评价中。

专业化数据分析与处理技能仍然比较缺乏，大数据处理不是一个简单的统计过程，而应当是一个需要不断进行获取、处理以及分析数据的过程，应运用合适的技术手段保障用来进行教育评价的大数据的质量与安全。从两种分类界定（数据处理基本能力、数据教学应用），到克拉伦斯·梅比和莉萨·齐林斯基界定的数据意识、数据获取、数据应用等七种分类，乃至赵欢欢的十类教师数据素养能力界定，研究者既强调数据意识、定位和理解，又强调数据的获取、应用的链路构成应与具体的教育情境相结合，在真实的教学实践场域中应用，并基于伦理道德的约束进行科学的教育决策。① 但是现阶段学校或政府还不能充分掌握这样的技术，第三方专业技术公司也不能进行深度介入，为保障数据的有效性提供可靠的解决方案。

① 崔宇路，何维淼，张海．智能时代教师数据素养建设：困境、机理及破解[J]．中国教育信息化，2024（12）：89-98.

因此，需要不断提升数据素养和技能水平，针对数据素养水平较低和技能不足等问题，需要以加强培训学习的方式来提高相关专业人员的数据素养与技能水平，大力鼓励学校与企业之间进行广泛深入的合作交流，积极开展数据分析与处理技术的研发与应用推广。

4.2.2 大数据采集的网络渠道尚未构建

碎片化数据不利于增强数据之间的关联性，难以产生数据聚合之后形成的化学反应。从数据采集渠道层面看，纵向数据网络还没有构建，导致一些数据指标被反复采集。从数据可用性层面看，不同的主体对教育数据的理解存在一定的差异性，导致真正有现实意蕴的数据难以获取，整合和分析同类数据面临诸多挑战，导致数据不能真实客观地反映教育发展的深层状况，让人们质疑量化数据的产生逻辑。此外，数据孤岛现象比较严重，获取不同机构间的数据具有较大难度，数据缺失和数据壁垒等现象依然普遍存在，将导致与教育评价相关的数据难以全面准确地获取。

对于数据在采集与整合过程中面临的一系列难题，可以通过加快构建完善的数据采集与整合机制，促进数据的全面共享和整合发展，促进不同机构之间的数据交流与合作。

4.2.3 数据隐私泄露存在一定的风险

大数据技术深刻影响着数据的收集与处理，数据使用者滥用大数据平台提供的相关数据，可能会侵犯数据来源者的隐私，甚至有可能导致隐私泄露。因此，随着大数据技术的迅速发展与广泛应用，如何更好地保护个人隐私成为一个亟待解决的现实问题。

此外，数据滥用与学术不端等现象仍然存在，对大数据算法的滥用将会导致学术不端风险的加剧。需要提升数据伦理和隐私保护力度，针对数据伦理关系和隐私保护问题，必须构建完善的数据安全与隐私保护机制，加强数据使用监管与惩罚力度，运用技术手段加强数据的加密等方式保护个人隐私安全。

4.2.4 评价内容与方式具有局限性

目前，教育评价内容仍然比较单一，大数据技术为教育评价提供了有力的数据支持，但当前的教育评价内容主要涉及学业成绩等方面，内容较为单一，在一定程度上忽视了学生的综合素质、情感态度等非认知因素的评价。并且教育评价方式也比较单一，缺乏多元性和丰富性，大数据技术能够为教育评价提供课堂测验、调查问卷、在线测试等多元化教育评价方式，但一些学校仍然采用传统的问卷调查等方式，主要以教师主观评价这一方式为主，从而导致教育评价结果的片面性。

基于此，针对教育评价内容和方式的局限性问题，要不断拓展评价内容和方式，不仅要关注学生的学业成绩等方面，也要加强对学生综合素质等的教育评价，采用多元化的评价方式对学生进行全面客观的评价。

4.2.5 技术依赖和人的主体地位产生偏位

人们对于大数据技术具有的过度依赖性，导致人的主体地位发生偏位。人的求真精神由于技术理性而在一定程度上被削弱，人的发展在教学实践过程中受到约束，人的自由意志和个性化发展也会受到阻碍。

当大数据技术被过度使用，导致个人的主观能动性和思考理性无法充分施展时，人将会沦为过度依靠大数据技术的附庸，这种情况背离我国的教育宗旨。此外，忽视了教师的主观能动性的发挥，一些教师以为大数据可将学生的一切情况涵盖在内，降低了教师对于学生的沟通交流力度，取而代之的将会是大数据平台形成的大量数据，这种过度依赖技术的倾向会降低教师在教学实践过程中主观能动性的发挥。对于技术依赖和人的主体性地位偏位这一问题，必须注重平衡技术和人的主体性地位，充分利用大数据技术辅助教学，发挥教师的主观能动性与创造性，促进技术和人的共同发展进步。

4.2.6　数据质量与可靠性有待提升

数据质量的参差不齐，将会导致数据在进行采集、归纳以及系统化处理中出现多种问题，容易造成教育评价所借助的数据质量参差不齐，一些相关数据甚至可能存在误差或者遗漏等问题，从而深刻影响评价结果的准确性。并且，数据的可靠性难以有效保证，大数据技术的应用让教育评价所必需的数据量显著增加，与此同时也会带来影响数据准确性和可靠性的诸多问题。

在大数据时代如何确保数据的真实性、安全性以及准确性，逐渐成为一个亟待解决的重大问题。对于数据质量与可靠性问题，需要通过完善和健全质量控制与监管机制等方式，着力于提升数据的可靠性水平，注重加强对数据使用者的培训力度，不断提高数据使用者对于数据的处理与分析水平，推动构建全面系统的教育评价体系。

4.2.7 教育评价目的和结果存在偏离

当前，教育评价的目的仍然不够明确，一些教育评价只是为了完成任务而进行的，从而忽视了评价对于完善教学方式、提升教育质量的作用。“循证（Evidence-based）”概念最早出现在临床医学，强调基于客观证据作出判断而非仅凭个人经验，后发展成为一门新学科——“循证医学（Evidence-based Medicine）”。随着 20 世纪 90 年代循证实践运动的兴起，循证理念进入教育等社会科学领域。① 虽然现代大数据技术能够为教育评价提供可靠的数据支持，但是在实际运用中，一些教育评价结果与具体实际应用产生脱节，导致一些教育评价结果不能得到充分的利用与转化，难以真正发挥对教学的指导作用。

4.2.8 政策与法规具有滞后性

当前，教育相关政策法规仍然不够健全，对于大数据在教育评价中的实践应用仍然缺少完善的政策法规的有力支持，一些数据的使用和处理等问题尚没有明确的法律规定以及健全的监管机制，导致数据的安全性存在一定的风险。此外，法规执行的力度不够，即便有相关的政策法规的有力支持，但是在具体操作过程中通常也会存在执行不力的问题。如一些学校在数据使用与处理的具体过程中仍然存在违规行为，并且由于缺乏健全的监管惩罚机制，使得这些问题难以得到及时有效的解决。

① 康玥媛，郑国强，王光明．教育中的有效循证：何谓、为何与如何［J］．教育理论与实践，2025（10）：3-9.

对于评价目的同结果相偏离的问题，以及政策法规滞后等问题，我们必须明确评价目的和结果应用，持续加强政策法规制定和执行力度，推动教育评价的发展进步，将评价工作落实到提高教育质量上来，全面加强相关政策法规的制定和执行力度，从而为大数据在教育评价中的实践应用提供重要保障。

4.2.9 技术与教育理念之间产生冲突

技术与教育融合带来一系列困难和挑战，大数据技术的迅速发展能够给教育评价带来一系列变革，但同时也与教育传统理念产生冲突。因此，如何更好地在技术发展和教育理念之间找到平衡点是新时代推动技术创新、实现教育发展亟待解决的重要问题。并且技术应用和教学实践之间存在脱节，尽管大数据技术能够为教育评价提供了丰富的技术手段，但在实际应用过程中仍然存在同教学具体实践相脱节等问题，一些技术手段无法发挥对教学质量的提升效能。我们需要不断推动技术与教育的深度融合发展，而对于技术和教育融合过程中所面临的一系列挑战，可以通过促进技术与教育的深度融合发展来加以解决，不断加强技术研发与创新力度，推动其同教育理念、教学实践等方面的融合发展。

基于数据的教育评价在带来诸多机遇与优势的同时，也面临诸多的困境与挑战。为了充分发挥大数据技术在教育评价中的作用，我们需要以多元化思维进行深度思考和探索，对于数据采集存在的困境，比如缺乏标准化研究，我们需要明确哪些行为数据需要采集、缺乏标准研究，以提升数据的真实性与完整性。针对数据分析面临的一系列困境，比如模型与算法欠缺，数据分析深度不够，还未能实现数字技术与教育评价改革的深度融合等问题。利用 OCR 技术，将图像中的文字转换为可编辑的文本，常用的 OCR 工具包括 Tesseract、Google Cloud Vision 等。① 并且数据泄露和数据安全问题也不容忽视，我们需要注重伦理与公平性问题，就数据伦理问题而言，在大数据赋能教育评价的实践过程中，数据伦理问题绝不能忽视，涉及数据隐私、数据使用权限等方面，这就需要提升教育评价的公平性，确保评价过程的公平性和正义性，避免因数据偏差导致的评价不公现象的发生。另外，技术和人才瓶颈在一定程度上限制了大数据在教育评价中的广泛和深入应用，必须避免过度依赖数据而忽视人文关怀也是一个极其重要的问题。基于此，在数据时代，教育评价利用看似公正的数据为教育和个体发展提供正确的方向，从而导致人们容易忽视数据背后的教育本质。一方面，有限性判断必须凸显教育评价理念的科学性和先进性，基于数据的教育评价要立足人的全面发展这一要求，对评价对象来说，教育个体难以被完全数据化，基于数据的教育评价难以表征个体发展的无限可能性，教育性始终是有限性判断的基本前提，有限性判断必须体现教育评价过程的伦理性，评价活动的有效开展，必须遵循数据伦理，积极探寻实现人的发展的有效方式。另一方面，有限性判断必须体现教育评价结果的发展性，教育评价的最终指向是教育主体的持续发展，要关注数据潜在的价值和意义，推动评价数据教育价值的凝聚。倘若教育评价者仅仅关注教育评价数据的机制，从而忽视了数据的教育本质，那么，数据潜在的教育本质和功能就会被遮蔽。

大数据支撑下的教育评价所实现的即时评价、动态评价、发展评价等形式，能够展现出基于数据的教育评价的全新样貌。但我们也必须深刻意

---

① 王伟健．浅谈大数据环境下人工智能技术在教育领域的应用［J］．中国信息界，2024（9）：173-175.

识到大数据背后的潜在风险，充分警惕数据运用于教育评价带来的困难和挑战，在基于人的全面发展的立场进行科学判断后，才能够真正让数据为教育评价服务，推动新时代教育评价改革中对技术、数据和人之间关系的理性回应和现实呼吁，推动基于数据的教育评价朝着科学化、符合人的全面发展方向深入推进和完善，为现代教育的发展提供可靠准确的技术支持和数据支撑，推动现代教育的持续发展。

结　语

通过对高校在线学习平台数据集成下专业画像绘制的深入探究，我们深刻认识到专业画像在高校教育发展进程中所蕴含的深远战略意义。数据集成作为高校教育信息化的核心支撑，为专业画像的精准构建奠定了坚实基础，而专业画像则成为高校教育管理与专业建设的关键导航仪，引领着高校在教育现代化征程中稳步前行。

从战略意义上看，专业画像将成为高校全方位洞察专业生态发展的有力技术工具。在教育竞争日益激烈的当下，高校需要精准定位自身的专业优势与劣势，明确发展方向与重点。专业画像通过整合教学、学习、管理与评价等多维度数据，清晰勾勒出专业的独特轮廓。例如，在师资队伍建设方面，依据教师胜任力指数、科研活跃度指数等数据，高校能够精准识别骨干教师与学科带头人，有针对性地制定教师培养计划与人才引进策略，优化师资结构，提升整体教学水平与科研实力。在课程体系优化上，借助课程学习数据与市场需求数据的关联分析，高校可及时调整课程设置，确保课程内容紧密贴合社会发展需求与行业前沿趋势，增强专业的适应性与竞争力。

从专业发展规划层面来看，专业画像的战略指导作用更为凸显。通过对专业历史数据的纵向分析与同类专业的横向对比，高校能够准确把握专业的发展轨迹与所处地位，前瞻性地规划专业发展路径。对于新兴专业，画像数据有助于高校合理配置资源，加大对优势方向的扶持力度，促进其快速成长；对于传统优势专业，可依据专业画像发现潜在问题与创新点，推动其持续升级与创新发展，保持领先地位。

武汉大学的专业画像实践在高校教育领域具有示范和引领意义。《武汉大学专业画像绘制与运用指南》聚焦数据收集与整合方面的规范流程、画像维度与指标体系的科学构建，以及数据应用于教育决策的有效机制等方面，能够为其他高校的专业画像实践提供可资借鉴的经验。在数据收集环节，制定严格的数据标准与规范的采集流程，确保数据的准确性与完整性，从源头保障专业画像的质量。在画像构建过程中，精心设计教学环节、学习全景、管理决策与评价发展等多维度画像，且每个维度下的具体指标都经过严谨的筛选与定义，使其涵盖专业发展的核心要素，具有高度的科学性与实用性。在数据应用方面，通过建立完善的反馈与决策支持系统，将画像分析结果及时转化为教学改进、资源配置优化与专业发展规划的实际行动，能够有效实现数据技术驱动教育管理的高效循环。

不可忽视的是，在加快推进专业画像构建与应用的进程中，高校需注重加强数据治理能力建设，建立健全数据安全保障体系与隐私保护机制，确保数据的合法合规使用。同时，要强化教育管理人员与教师的数据素养培训，提升高校教育团队的数据理解、分析与应用能力，由此才能使专业画像真正成为高校教育管理与教学实践的有力助手。

随着大数据、人工智能、区块链等前沿技术的不断创新与融合应用，专业画像将在高校教育领域发挥更加深远的战略作用。它将助力高校实现教育教学的个性化、精准化与智能化，为学生提供更契合其需求的学习体验与发展支持，为教师创造更具针对性的教学改进与专业成长环境，为高校整体发展注入强大动力。在教育信息化的浪潮中，专业画像必将成为高校提升教育质量、塑造品牌特色、增强核心竞争力的关键利器，推动高校教育事业迈向更高质量、更具创新活力的发展阶段，为培养适应时代需求的高素质人才、服务社会经济发展做出更为卓越的贡献。